ADILOVA FANUZA SHODIYOR QIZI

KOMIL XORAZMIYNING G'AZALNAVISLIK MAHORATI

(Monografiya)

© Adilova Fanuza Shodiyor Qizi
Komil Xorazmiyning G'azalnavislik Mahorati
by: Adilova Fanuza Shodiyor Qizi
Edition: October '2024
Publisher:
Taemeer Publications LLC (Michigan, USA / Hyderabad, India)

© **Adilova Fanuza Shodiyor Qizi**

Book	:	**Komil Xorazmiyning G'azalnavislik Mahorati**
Author	:	**Adilova Fanuza Shodiyor Qizi**
Publisher	:	Taemeer Publications
Year	:	'2024
Pages	:	140
Title Design	:	*Taemeer Web Design*

Ushbu monografiyada Komil Xorazmiyning gʻazalnavislik mahorati keng tadqiq etilgan. XIX asr oxiri – XX asr boshlari adabiyotimizning gʻazal eng keng tarqalgan soʻnggi davri boʻlib qoldi. Xususan, Komil Xorazmiy shoir sifatida oʻzbek mumtoz sheʼriyatiga xos eng yaxshi anʼanalarnining munosib davomchisi boʻldi. U zoʻr isteʼdod bilan mumtoz adabiyotning boy sheʼriy shakllarini, murakkab vazn turlarini, rang-barang uslubini chuqur egalladi va katta mahorat bilan ularning goʻzal namunalarini yaratdi.

Komil lirik merosining katta qismini gʻazallar tashkil etishi inobatga olinsa, shoirning mavjud nashrlardagi, qolaversa, qoʻlyozma va toshbosma matnlaridagi gʻazallarini ham bugungi kun adabiyotshunosligi nuqtai nazaridan oʻrganish shoir ijodi tadqiqi doirasida amalga oshirilishi zarur vazifalardan biridir. Bu, oʻz navbatida, nafaqat Komil Xorazmiy ijodida, balki butun Xorazm adabiy muhitida ham gʻazalning mavzu koʻlami, janriy va badiiy xususiyatlarini keng tadqiq qilishga xizmat qiladi.

Monografiya professor oʻqituvchilar, ilmiy tadqiqotchilar, amaliyotchilar, magistrantlar va mazkur muammoli jarayonga qiziquvchi keng kitobxonlar jamoasi uchun mo'ljallangan.

Taqrizchilar: **Ruxsora Tulaboyeva**
Toshkent davlat o'zbek tili va adabiyoti universiteti Adabiyot nazariyasi va hozirgi adabiy jarayon kafedrasi o'qituvchisi, f.f.f.d. (PhD)
Adiba Davlatova,
Toshkent viloyati Chirchiq davlat pedagogika instituti dotsenti, filologiya fanlari doktori

Monografiya Alisher Navoiy nomidagi Toshkent davlat o'zbek tili va adabiyoti universiteti "O'zbek filologiyasi" fakulteti O'zbek adabiyoti tarixi va folklori kafedrasining 27-may, 2020-yil 14-15-16-sonli majlisida tugallangan tadqiqot sifatida himoyaga tavsiya etilgan.

MUNDARIJA

KIRISH
I BOB. KOMIL XORAZMIY G'AZALLARINING JANR XUSUSIYATLARI VA ILMIY TASNIFI
1.1. Komil g'azallarining janriy belgilari
1.2. Shoir g'azallari tasnifi
II BOB. IJODKOR G'AZALLARIDA MAZMUN VA SHAKL MUTANOSIBLIGI
2.1. Shoir g'azallarida oshiq, ma'shuq va raqib obrazlari
2.2. Komil g'azallarida mazmun va shakl uyg'unligi
III BOB. SHOIR G'AZALLARIDA IJODIY AN'ANA VA POETIK YANGILANISH
3.1. Ijodkor g'azallarida salaflari an'analarining badiiy sintezi
3.2. Komil g'azallarida poetik yangilanish
XULOSA
FOYDALANILGAN ADABIYOTLAR

KIRISH

Mustaqillik o'zbek xalqiga o'zligini anglash, tarixi, madaniyati, xalqona urf-odatlari va qadriyatlarini qayta tiklash, milliy o'ziga xos xususiyatlarini namoyon etish uchun shart-sharoitlar yaratdi. Binobarin, jamiyat ma'naviy hayoti sog'lomlashuvi bevosita badiiy adabiyot zimmasiga tushadi. Ayni paytda, "biron bir jamiyat ma'naviy imkoniyatlarini, odamlar ongida ma'naviy va axloqiy qadriyatlarini rivojlantirmay hamda mustahkamlamay turib, o'z istiqbolini tasavvur eta olmaydi"[1]. Shu ma'noda, adabiyot har bir davr ijtimoiy-siyosiy, ma'naviy-axloqiy muammolarini ko'tarib chiqishi va ularga javob izlashiga ko'ra tarbiyaviy ahamiyatga ega. Uning ijtimoiy-

---

[1] Каримов И.А. Юксак маънавият- енгимас куч. -Т.: Маънавият, 2008. 156-бет

ma'rifiy xususiyati, ayniqsa, tahlil va talqin vositasida baholash mezonlariga aniqlik kiritishda yaqqol ko'rinadi. Vaholanki, istiqlol sharoitida ma'naviy mezonlarni davr ruhidan qayta – haqqoniy baholash jarayon tusini olganligini hisobga olsak, masala mohiyati yanada teranlashadi. Tabiiyki, mavjud holatda real hayot va dunyoqarashni sog'lomlashtirish etakchi mavqega erishadi. Zero, badiiy adabiyot ruhoniyatini, ma'naviy olamini yuksaklikka ko'taruvchisi, komil inson tarbiyachisidir.

Davrimizning buyuk o'zgarishi – milliy Istiqlolni faqat bugungi kun kishilari qo'lga kiritdilar, degan odam xato qiladi. Bu kunga yetishmoq orzusida umrini jangu jadallarda o'tkazgan, millatimiz kelajagi yo'lida jonini qurbon qilgan, biroq biz nomlarini yaxshi bilmagan yuzlab, minglab ulug siymolar borki, ularni o'rganmoq, e'zozlamoq, yaxshi amallarini targ'ib qilmoq, hozirgi avlod uchun ham qarz, ham farzdir. Ana shunday fidoyi insonlardan biri – Xorazm adabiy muhitining zabardast vakillaridan biri – Komil Xorazmiydir.

Har bir ijtimoiy-siyosiy davr, albatta, adabiy jarayonga o'z ta'sirini o'tkazadi. Bu uzoq tarixdan isbotlangan xulosa. Jamiyatimizda erishilgan yutuqlar soyasida bir qator kamchiliklar, bo'shliqlarar qayta qurish, oshkoralik, demokratiya va nihoyat, milliy mustaqillik sharofati munosabati bilan ko'zimizga aniqroq ko'rina boshladi. O'zbek mumtoz adabiyoti tarixini o'rganish, ilmiy tahlil etish borasidagi muammolar yanada chuqurroq his etildi. Islom va adabiyot, jadidchilik, saroy adabiyoti, ayrim ijodkorlar merosining baholanishi kabi masalalar yangilanish sharofati tufayli mukammal ilmiy mezonlar bilan qayta o'rganilishi lozimligi ayon bo'ldi. To'g'ri, adabiyotshunosligimizda bu masalalar ma'lum darajada tadqiq etilgan. Ammo, ba'zan biryoqlamalik ustunlik qilgan bo'lsa, ba'zan sukut saqlash ma'qul ko'rilgan.

Bugungi kunda avlodlarimiz kamoloti yo'lida xizmat qiladigan mumtoz adabiyotimizning muqaddas namunalarini chuqur ilmiy talqin etish, omma ongiga singdirishning naqadar muhimligi haqiqatdir. Chunki adabiyotini, tarixini, mumtoz adabiyot merosini haqiqiy tanish xalq ma'naviyatini yuksakka ko'taradi. Ma'naviy dunyosini teranlashtirib, xalqlar o'rtasida qadr-qimmatini oshiradi. Insonlarni vijdonli, mehr-oqibatli qilib ulg'aytiradi. Zotan, bu fazilatlar mumtoz adabiyotimizning asosiy omili bo'lgan insonparvarlik g'oyalarining asosidir.

Xorazm adabiy muhitining zabardast namoyondasi Komil Xorazmiy g'azallari poetikasi, janriy xususiyatlarini o'rganish hamda salaflari an'analarining davomchisi sifatida tahlil etish mavzuning dolzarb ekanligini ko'rsatadi.

Komil Xorazmiy –shoir, bastakor, musiqashunos, tarjimon, davlat arbobi. Uning ibratli faoliyati zamondoshlari va keyingi davr ilm ahlining e'tirofiga sazovor bo'lgan. Ko'plab tadqiqotchilar bu ulkan ijodkor va siyosatdon faoliyatiga qiziqish bilan qaraganlar.

Xiva xonligi Rusiya imperiyasining vassaliga aylantirilgandan so'ng 1873- yildan boshlab rus olimlari tadqiqotlarida Komil Xorazmiy xususida fikr yuritilganligi kuzatiladi. Sankt- Peterburgda chop etilgan "1873-yilgi Xiva yurishi" sarlavhali ruscha rasmiy manbada, F.I. Lobosevichning o'sha yil voqealariga taalluqli "1873-yilgi Xiva yurishining bayoni" nomli kitobida u haqda ma'lumot bor. Mak-Gaxanning ingliz tilidan tarjima qilinib, 1875-yilda Moskvada chop etilgan "Boyenniye deystviya na Oksuse i padeniye Xivi" ("Oksusdagi harbiy harakatlar va Xivaning taslim bo'lishi") kitobida ham Komil Xorazmiy faoliyatiga maxsus to'xtalingan. "Turkiston viloyatining gazeti" muharriri N.Ostroumovning u haqdagi qaydlari XIX asrning 80-90-yillarida bitilgan.

O'zbek xalqi madaniy merosiga nigilistik qarashlar to'la hukmron bo'lgan sho'ro tuzumining dastlabki o'n yilliklaridayoq Moskvada nashr etilgan ikki kitobda [2] Komil Xorazmiyning musiqa sohasidagi ishlari xususida qiziqarli mulohazalar bayon etilgan edi.

X1X asr manbalarining aksariyatida, jumladan, Ogahiyning "Gulshani davlat", Muhammad Yusuf Bayoniyning "Shajarayi Xorazmshohiy", Ahmad Tabibiyning "Majmuat ush-shuaro" kabi asarlarida Komilning otashzabon shoir va tadbirkor davlat arbobi sifatidagi faoliyati yuqori baholangan.

Sho'ro davrida Komil Xorazmiy she'riy merosi dastlab 1945-yili O.

---

[2] Bularning birinchisi B.Rahmonov va M.Yusuf Devonzoda qalamiga mansub "Xorazm musiqiy tarixchisi" (1925), ikkinchisi esa Belyayevning "O'zbekistonning musiqa asboblari" (1933) kitobidir.

Sharofiddinovning "O'zbek adabiyoti tarixi" xrestomatiyasi, oradan ikki yil o'tgach "O'zbek poeziyasi antologiyasi" orqali keng o'quvchilar ommasiga yetkazildi. Adabiyotshunos Mahmudali Yunusovning Komil Xorazmiy ijodiga bag'ishlangan nomzodlik dissertatsiyasi ham shu yili yoqlandi, 1958-yili kitob holida nashr etildi. 50- yillardan boshlab Komil Xorazmiy hayoti va ijodi maktab va o'quv yurtlar dastur darslik va qo'llanmalariga kiritildi. Jumladan, G'. Karimovning oliy o'quv yurtlari uchun tuzgan darsliklarida Komil hayoti va ijldiga alohida o'rin ajratildi. 1980-yili bosilib chiqqan "O'zbek adabiyoti tarixi. Besh tomlik"ning 5-tomida ham "Muhammadniyoz Komil" deb ataluvchi maxsus qism bo'lib, u A. Hayitmetov qalamiga mansub. Bundan tashqari, olimning Komil hayoti va ijodining turli jihatlariga bagishlangan bir necha maqolalari e'lon qilingan.

XIX asrning 80-yillari boshida Xivada litografiya ishga tushirilgan chog'danoq Komil Xorazmiy asarlari chop etila boshladi. Shoir devonlari to'ldirilgan holda besh marta, Toshkentda esa 1909-yilga kelib "Devoni Mavlono Komil maa tavorixi shohoni Xorazm" nomi bilan nashr etildi. Sho'rolar davrida bu ish ancha kechikib amalgam oshirildi, ya'ni 1961-yili uning "Tanlangan asarlar"i, 1975-yili "Devon"i nashrdan chiqdi.

Magistrlik dissertatsiyasining mavzusini o'rganish va uni yanada chuqurroq tahlil qilish hamda ochib berish maqsadida biz Komil Xorazmiy ijodiy faoliyatini tadqiq qilgan bir qator olimlarning maqolalari bilan tanishib chiqdik.

Komil Xorazmiy g'azallarini ishonchli va birlamchi manbalar asosida tadqiq etish, shoirninig poetik merosini g'oyaviy-badiiy tahlil qilish orqali uning adabiy an'analarda nechog'liq mahorat kasb etganini aniqlash va g'azallarining mazmunini, ularda tasvirlangan hayot haqiqatining badiiy in'ikosini kashf etish, shoirning badiiy-estetik tamoyillarini o'rganish hamda shoirning XIX asr ikkinchi yarmi Xorazm adabiy muhitidagi o'rnini belgilashni maqsad qildik.

XIX asr Xorazm adabiy muhitining yetuk namoyondasi Komil Xorazmiy hayot va ijod yo'li adabiyotshunos olimlar tomonidan o'rganilgan bo'lsa-da, shoir g'azallarining mavzu ko'lami va mazmun mundarijasi, shakl va mazmun jihatdan alohida tadqiqot sifatida yoritilmagan. Biz ushbu tadqiqotimizda Komil g'azallarida salaflari an'analarining badiiy sintezi hamda poetik xususiyatlarini aniqlab, uning o'zbek adabiyoti taraqqiyotiga qo'shgan hissasini ko'rsatishga harakat qildik.

XIX asr oxiri XX asr boshi o'zbek klassik adabiyoti tadqiqotchilar tomonidan ilmiy o'rganilgan, ularning nazariy va amaliy ahamiyati yoritilib berilgan. Xorazm adabiy muhitining yetuk naoyondasi Komil Xorazmiy ijodi va hayoti xususida bir qancha adabiy manbalargda ma'lumotlar bayon etilgan. Xususan, Ogahiy[3], Muhammad Yusuf Bayoniy, Ahmad Tabibiy asarlarida Komilning otashzabon shoir va tadbirkor davlat arbobi sifatidagi faoliyati yuqori baholangan. Adabiyotshunoslida Komil Xorazmiy adabiy merosini tadqiq qilish bo'yicha e'tiborga molik ilmiy natijalarga erishilgan. M. Yunusov[4], Sh. Yusupov[5], B. Qosimov, O. Sharafiddinov[6], A. Hayitmetov[7], V. Mo'minova, A. Otamurodova[8],

---

[3] Ogahiy. Gulshani davlat. qo'lyozma. O'Zr FA Sharqshunoslik instituti qo'lyozmalar fondi, inv №79.

[4] Yunusov M. Komil Xorazmiy. Davri, hayoti va ijodi. – Toshkent, 1960.

[5] Yusupov Sh. Komil Xorazmiy haqida yangi ma'lumot. – T.; 1968

[6] O'zbek adabiyoti tarixi xrestomatiyasi. Tuzuvchi: Sharafuddinov O. – T.: O'zDAVNASHR, 1945.

[7] Komil. Devon. Nashrga tayyorlovchilar: A. Hayitmetov, V. Mo'minova. – T.: 1975.

O. Abdurahimov, Sh. Nuriddinov [9] singari olimlarning tadqiqotlari bu jihatdan, ayniqsa, ahamiyatlidir.

Ushbu masalalarning nazariy-uslubiy masalalarini oʻrganishga yoʻnaltirilgan ushbu tadqiqot ishi kirish, 3 ta bob, xulosa va takliflar qismidan iborat.

Birinchi bobda ilmiy muammo"Komil Xorazmiy g'azallarining janr xususiyatlari va ilmiy tasnifi"tarzida belgilangan. Bobning ilk faslida shoir g'azallarining janriy belgilari tahlilga tortilgan. Ijodkor lirikasidan g'azalning muvashshah, musajja' kabi turlariga misollar keltirilib, chuqur tahlil etilgan.

---

[8] Otamurodova A, Abdurahimov O. Komil Xorazmiy Matniyoz devonbegi emas. – T.: "Oʻzbekiston adabiyoti va san'ati" gazetasi 2011-yil 39-son.

[9] Nuriddinov Sh. Komil Xorazmiy gʻazallarining janriy xususiyati. "Tafakkur ziyosi" ilmiy adabiy jurnal, 2019-yil 4-son.

Ushbu bobning ikkinchi faslida shoir g'azallari ishqiy, ma'rifiy va ijtimoiy singari turlarga ajratilib tahlil etilgan.

Tadqiqotning"Ijodkor g'azallarida mazmun va shakl mutanosibligi" deb nomlangan ikkinchi bobida avvalgi bobdagi ilmiy kuzatishlar izchil davom ettirilgani ilmiy muammoning yaxlit tizim sifatida o'rganilishini ta'minlagan. Poetik mazmun va poetik shakl uyg'unligi masalasi g'azal badiiyatining asosi sifatida o'rganilgani alohida ahamiyatga ega.

"Shoir g'azallarida ijodiy an'ana va poetik yangilanish"sarlavhali uchinchi bob Komil g'azaliyotiga doir qarashlar negizini belgilashi va dissertatsiya natidalarini mantiqiy yakunlashi jihatidan qimmatlidir. Ushbu bobda, birinchidan, Komil Xorazmiyning Navoiy, Fuzuliy, Munis, Ogahiy kabi salaflari ijodiy an'analarini munosib davom ettirgani, ikkinchidan, aksar g'azallarida ular badiiy kashfiyotlarini poetik takomilga yetkazgani, badiiy jihatdan boyitgani isbotlangan.

Xulosa qismida boblardagi ilmiy kuzatishlar umumlashtirilgan. Ular ishda erishilgan natijalarni o'zida to'liq mujassam etgan.

I BOB. KOMIL XORAZMIY G'AZALLARINING JANR XUSUSIYATLARI VA ILMIY TASNIFI

1.1. Komil g'azallarining janriy belgilari

Ma'naviy qadriyatlarni tiklash milliy o'zlikni anglashning o'sishidan, xalqning ma'naviy sarchashmalariga, uning ildizlariga qaytishdan iborat uzviy tabiiy jarayon. Boy madaniy-adabiy merosimizni o'rganish, anglash va unga vorislik qilish ma'naviyatimizning dolzarb masalalaridan.

O'zbek xalqi ko'p asrlik tarixi va boy madaniyati bilan jahon adabiyoti xazinasiga o'z ulushini qo'shib kelgan. Shuningdek, XIX asrning II yarmi XX asr boshlaridagi tarixiy davr va adabiy hayot ana shunday g'oyat ulkan ulushdir. Negaki, bu davr tarixiga nazar tashlasak, jahon sivilizatsiyasi beshigi sanalgan ko'hna Turkiston osmonini qora bulutlar qoplagan yillar bo'lgan. Bu yillarda, ya'ni mustamlakachilik siyosatini o'rnatgan chor Rossiyasi hukmronligi davrida Turkistonda istibdodga, xalqni ezishga asoslangan siyosat hukm surdi, ona-diyorda til, madaniyat, urf-odatlar, milliy qadriyatlar poymol etildi.

G'oyat murakkab kechgan bu jarayon mazkur davr adabiyotining asosini belgilaydi. Shuningdek, chor Rossiyasi bosqini va mustamlakachilik siyosati Turkiston elining milliy adabiy-tarixiy taraqqiyotiga to'siq bo'lolmadi, aksincha, vaziyat ma'naviy ijod sohiblari tomonidan milliy uyg'onish, millatning o'zligini anglash va anglatish jarayonini yetiltirdi.

E'tiborli olim, prof. B.Qosimov e'tirof etib o'tganlaridek, «milliy uyg'onish mintaqamizda jadidchilik shaklida namoyon bo'ldi».[10]

Turkistondagi mavjud sharoit, ya'ni qoloqlik va jaholat, o'lka aholisining ayanchli

---

[10] Qosimov B. Milliy uyg'onish davri o'zbek adabiyoti. – Toshkent., 2004.

ahvoli, ko'hna Turonning Yevropa va jahon sivilizatsiyadan orqada qolib ketishi, Islom va milliy qadriyatlarning, millat sha'nining oyoqosti qilinishi, 1905-, 1916-, 1917-yil voqealari - bularning hammasi jadidlarni ijtimoiy-siyosiy kuch sifatida maydonga chiqish hamda xalqni jaholat uyqusidan uyg'otish zaruriyatini tug'dirgan edi.

Albatta, sovetlar tomonidan ularning uzoqni ko'zlagan yuksak maqsadli harakatlarini bostirish, hatto, jisman yo'q qilish rejalari ham amalga oshirildi. Shuningdek, milliy tariximiz va adabiyotimizda jadidchilik (milliy uyg'onish) harakatining taraqqiyot va tugatilishi davri 1905-1923-yillar deb belgilandi.

Milliy uyg'onish davri adabiyoti XIX asrning oxiri XX asr boshlaridagi ijtimoiy voqelikning, shu davr ilg'or ziyoli qatlamlari (jadidlar)ning yuqori saviyadagi fikr-u qarashlari, xatti-harakatlarining badiiy ifodasi edi. Binobarin, bu davr ijodkorlarining maqsadi esa aniq: turkiy-islomiy huquqiy merosni millat ichida keng va teng yoyish, hurfikrlilik, taraqqiyot va milliy istiqlol uchun kurash edi. Shuning uchun ham ularning ijod mahsullari millatni uyg'otgan, uni istiqlolga yetaklagan chinakam adabiyotga aylandi.

Milliy uyg'onish, millatning o'zligini anglash jarayoni XIX asr ikkinchi yarmi va XX asrning boshlari davr adabiyotining ruhi va mazmunini tashkil etgan edi. Milliy uyg'onish adabiyoti chinakam adabiyot sifatida maydonga keldi. Uning ko'lami va jo'g'rofiyasi haqida muayyan tasavvur hosil qilish uchun ijodkorlarni yetkazgan muhit haqida ma'lumotga ega bo'lish lozim. Mazkur davr adabiyotini milliy uyg'onish nuqtai nazaridan o'rganish bevosita mustaqilligimiz samarasi bo'lganligidan undagi milliy istiqlol g'oyasining shakllanishi va taraqqiyoti masalalari hamisha diqqat markazida turdi.

Bu davr adabiyoti yangilanish davri adabiyotidir. Unda qadim davrlardan kelayotgan adabiy turlar saqlandi. Devon adabiyotida she'riyat asosiy o'rin egalladi. Aruz asosiy vazn bo'ldi. G'azal, ruboiy, tuyuq, ta'rix, muammo, muxammas, musaddas, musamman va ayniqsa, masnaviydan keng foydalanildi. Sayohat xotiralarini ifodalovchi sayohatnoma janri maydonga keldi.

Keng ma'noni qamrab oluvchi ishq mavzui bu davrda ham she'riyatning markaziy mavzusi bo'lib qoldi. Lekin ilohiy ishq, tasavvuf g'oyalari kuchaydi.

XIX asrning ikkinchi yarmida Xivada taraqqiy etgan adabiy-estetik jarayonda shoir Komil Xorazmiy ijodi alohida o'rin tutadi. Komil o'sha davrdagi san'atning hamma sohasida o'zining iste'dodini namoyish qilgan shaxsdir. U o'z davrining ilg'or shoirlaridan bo'lganidek, talantli bastakor – kompozitor, usta xattot (kalligraf) va atoqli naqqosh ham edi.

Shoirning asl ismi Niyoz Muhammad bo'lib, Komil uning adabiy taxallusidir. Niyoz Muhammad Xiva shahrida 1825-1827-yillar o'rtasida madrasa o'qituvchisi Abdulla Oxund oilasida dunyoga keladi. Yoshlikda uni erkalab, Pahlavon laqabi bilan chaqirganlari uchun uning nomi keyinchalik Pahlavon Niyoz Muhammad shaklida mashhur bo'lib ketadi. Pahlavon Niyoz Muhammadning oilasidagi tarbiyasidan boshlab to madrasani bitirgan yillarigacha bo'lgan tarjimayi holiga oid ma'lumotlar deyarli yo'q. Komil madrasada o'qigan yillarida arab, fors-tojik tillarini puxta o'rganadi. Bu narsa shoirga fors-tojik va o'zbek klassik adabiyotini yaxshi egallashga yordam beradi. Yoshlikdan adabiyotga havaskor bo'lgani uchun bu sohadagi ma'lumotini kengaytirishga kirishadi. O'ziga zamondosh bo'lgan shoirlarning suhbatlarida, turli adabiy majlislarda ishtirok etib, dastlabki mashqiy g'azallarini yaratishga kirishadi.

Komil ijodiy merosi shoirning o'zi tomonidan devon shaklida tartibga keltirilgan, zamondosh xattotlar tomonidan bir necha nusxalarda ko'chirilgan. Qolaversa, shoirning hayotlik davridanoq toshbosma usulida chop etila boshlangan. Mavjud manbalar shoir ijodiy merosi ko'lamining kengligi va janrlarining rang-barangligini ko'rsatadi. Komil o'z ijodiy faoliyati davomida mumtoz she'riyatimizning g'azal, murabba', muxammas, musaddas, musabba',musamman, mustazod, ruboiy, qasida, muammo, qit'a, bahri tavil kabi o'ndan ortiq janrlarida ijod qildi. Shoirning bizga ma'lum adabiy merosining salmoqli qismini g'azal janriga mansub she'rlar tashkil etadi.

Komil adabiy merosidagi g'azallarning aksariyati an'anaviy g'azallardir. Bundan tashqari, shoir ijodida g'azalning boshqa bir qator poetik shakllaridagi turlari ham uchraydi. Xususan, muvashshah g'azal. Sharq adabiyotida muvashshah bitish qadimdan mavjud bo'lib, uni yuzaga keltiruvchi badiiy san'atni "tavshih" deb ataganlar. Buni Atoulloh Husayniyning quyidagi fikrlari ham dalillaydi: "Tavshih ajam shuarosi nazdida andin iboratdurkim, shoir misra yoki baytlarning boshida yo alarning o'rtasida bir necha harf yoki bir necha so'z keltururkim, ul harf yoki so'zlarni jam' qilinsa, bir ism yo bir laqab, yo bir misra yo bir bayt bo'lur yoki anga o'xshash bir nima hosil bo'lur va bu san'atni o'z ichiga olgan she'rni muvashshah derlar[11]". Bu an'ana, ayniqsa, XIX asrning II yarmida mumtoz she'riyatimizda keng qo'llanib, Muqimiy, Zavqiy, Kamiy, Xislat, Miskin singari shoirlar ijodida, ayniqsa, alohida o'rin tutgani ma'lum. Shayxzoda bunga munosabat bildirib: "Lirikada muvashshah

---

[11] Husayniy A. Badoyi us-sanoyi. – T.: Adabiyot va san'at nashriyoti, 1981.

janri (Yevropa adabiyotlarida akrostix) o'zbek adabiyotida, ayniqsa, XIX asrning II yarmida ko'p avj olib ketib, adabiyot ahli o'rtasida rasm bo'lib qolgan edi. Hatto shu darajadaki, shoirlik va nazmchilik hunari muvashshahchilikdagi mahorat bilan o'lchanadigan bo'lib qolgan edi",- deb yozadi. Shayxzoda muvashshahni negadir janr deb ataydi. E'tibor berilsa, muvashshah g'azal, muxammas, murabba' kabi turli lirik janrlar tarkibida keluvchi poetik shakl ekanligi ko'riladi. Muvashshah g'azallarda kishi ismi ikki xil usul bilan hosil qilinadi: 1) g'azal baytlaridagi toq misralarning birinchi harflari olinadi; 2)g'azaldagi qofiyadosh misralarning birinchi harflari olinadi. Muvashshahchilikda asosan, birinchi turdagi shakl keng tarqalgan bo'lib, Komil ijodidagi muvashshahlar ham ayni shu shakl asosida qurilgan. Muvashshahda shoir kishi ismining kelib chiqishiga ko'p hollarda ochiq ishora qilmaydi.

Muvashshah, asosan, sof ishqiy mavzuga bag'ishlanadi. Garchi ularga ma'shuqaning ta'rif-u tavsifi, oshiqning zabun holi kabi motivlar yetakchilik qilsa ham, aksar hollarda muvashshahlarda ayollar ismi emas, erkaklar nomi yashiringan bo'ladi. Xo'sh unda muvashshahdagi kishi ismi bilan unda kuylangan ishqiy mazmunning qanday aloqasi bor? Bizningcha, bu borada Maqsud Shayxzoda bildirgan fikr juda o'rinli: "...muvashshah kimning nomiga bog'langan bo'lsa, o'sha g'azalda ta'riflangan obraz ham aynan mazkur kishining o'zidir, deb o'ylash xatodir. Muvashshahdagi ism bu g'azalning kimga bag'ishlanganiga dalolat qiladi, xolos, asarda tasvirlangan yor bus-butun boshqa bir kishi bo'lishi mumkin"[12].

Darhaqiqat, muvashshahlarning mazmuniga e'tibor qilsak, yuqoridagi fikrning to'g'riligiga

---

[12] Shayxzoda M. Asarlar. Olti tomlik. Beshinchi tom. – T.: Adabiyot va san'at nashriyoti, 1973. 92-b.

amin bo'lamiz. Masalan, "Abdullajon" ismiga muvashshah-g'azalda:

Aqlimni oldi bir boqib, ey dilbari ra'no, ko'zung,

Soldi boshimg'a har zamon yuz ming tuman savdo ko'zung.

Yoki

"Otajon" ismiga bog'langan muvashshah-g'azalda:

Ul oy etgoch yuzi ustida namoyon kokul,

Subhi shom ayladi holimni parishon kokul.

kabi baytlar keladi. Tabiiyki, baytlarda ma'shuqa tasviri haqida gap boryapti. She'r mazmunining Abdullajon yoki Otajonga aloqasi yo'q.

Komil muvashshahlari "Nasriddinjon", "Abdullajon", "Ibrohimjon", "Otajon", "Jumajon", "Muhammadaminjon" singari zamondoshlari nomiga bitilgan. Nomlari zikr etilgan kishilarning ismiga Komil mansub bo'lgan adabiy muhit vakillari ijodida ham bir qator muvashshahlar bitilgan. Xususan, shoirning katta zamondoshi Munis ham "Abdullajon", "Ibrohimjon" ismlariga muvashshah bog'lagan. Albatta, Munis va Komil g'azallarida ismlari muvashshah qilingan kishilarning shaxsiyati alohida izlanishni taqozo qiladi. Umuman olganda, muvashshahlar zamondosh kishilar nomiga bitilgani aniq. Bu hol ismlari muvashshah qilingan kishilarning Komil va uning ijodiy davrasi uchun yaqin shaxslar bo'lgani haqidagi xulosaga olib keladi.

Komil ijodida uchraydigan g'azal turlaridan yana biri - g'azali musajja'. Musajja' saj'li, ya'ni ichki qofiyali degan ma'noni anglatib, mumtoz adabiyotdagi qofiya bilan bog'liq badiiy san'at. G'azali musajja'da baytlardagi misralar to'rt bo'lakka teng bo'linib, oldingi uch bo'lak mustaqil holda qofiyalanadi, to'rtinchi bo'lak esa she'rdagi asosiy qofiyaga ohangdosh so'z bilan tugallanadi. Komil g'azaliyotida bu shaklda yozilgan ikki g'azal mavjud bo'lib, ularning matla'lari musajja'da emas, oddiy usulda bitilgan. Odatda musajja' g'azallarning matla'sida ichki qofiya bo'lmaydi. Bu xususda Bobur o'zining "Muxtasar" asarida "...musajja' g'azallarning matla'sida saj' kamroq rioyat qilibdurlar. Agar rioyat qilinsa, yaxshiroq bo'lgusidur"[13], - degan fikrni ilgari suradi. Komilning quyidagi g'azali musajja' usulida bitilgan:

Xushnud bo'lg'il, ey ko'ngul, gul yuzli jononing kelur,

Shirin labu pista dahan, gulbargi xandoning kelur.

Bayzo jabinu gul uzor, xurshid ruh, mehr iqtidor,

Qotilvashu shirin shior, oshubi davroning kelur.

Shamshod qaddi lab shakar, bedod fan, oraz qamar,

---
[13] Bobur. Muxtasar. – T.: "Fan", 1971. 171-bet.

Gulgun qabo,zarrin kamar, sarvi xiromoning kelur.

Mah paykaru siymin badan, farrux ruxu gul pirahan,

Aylab yuzin partav fikan, shami shabistoning kelur.

Laylivashu Uzro makon, Shirin labu Yusuf nishon,

Jallod ko'z, abro' kamon, mujgoni paykoning kelur.

Ruxsori chun badri munir, raftori xo'bu dilpazir,

Bemisl monandu nazir ul durri xushob yori suxandoning kelur.

Farxundafolu bohasab, sohib kamolu boadab,

Ham mahvashi oily nasab, ham chashmi fattoning kelur.

Ziynat fazoyi tojgoh, feruzbaxtu mah kuloh,

Ham sohibi iqboli joh, davlatli sultoning kelur.

Burji malohat axtari, durji latofat gavhari,

Mahbublarning sarvari Komil falon joning kelur.

Darhaqiqat, g'azal matla'si Bobur ta'kidlaganidek, musajja' emas.

Bu usulda yaratilgan ikkinchi g'azalda esa shoir butunlay boshqa qofiya tizimidan foydalanadi. Ya'ni g'azaldagi barcha misralar teng bo'laklarga bo'linib, (matla'sidan tashqari) har bir misraning birinchi va ikkinchi bo'laklari o'zaro qofiyalanadi:

Yuzung sipehri sabohat uzra quyoshdin ahsan, qamardin anvar,

So'zung buhori balog'at ichra guhardin ashraf, dururdin aqdar.

Chamanda qumri qadinga oshiq, Xo'tanda ohu ko'zunga Vomiq,

Yamanda yoqut labingg'a choker,so'zungg'a banda Adanda gavhar.

Hamisha to'bi qadingg'a vola hamisha oshiq yuzunga lola,

Hamesha hayron ko'zungg'a abtar, hamesha tashna labingg'a kavsar…

Mudom Layli yo'lingda Majnun, mudomi Yusuf g'amingda masjun.

Masihi la'ling kalomi gavhar, zamiring oyinayi Skandar…

Dari muallong ulusqa marja', ruxi musaffong adabg'a manba',

Jabini poking hayog'a mazhar, zamiri sofing vafog'a masdar…

Ushbu g'azallarda qo'llangan musajja' usuli ularning ohangdorligini g'oyatda kuchaytirib, unga ayricha joziba va latofat bag'ishlagan.

G'azal janrining shakliy xususiyatlari bilan bog'liq lafziy san'atlardan biri radd ul- matla'

(matla'ni takrorlash) bo'lib, ushbu san'at g'azalning birinchi misrasini asar oxirida takrorlanishni nazarda tutadi. Komilning Fig'onkim,ul parivash kulbama bir kelmay o'lturdi, Firoqida nechuk arkonin holim bilmay o'lturdi tarzida takrorlanib, shoir ifodalayotgan g'oyani yana bir bor ta'kidlashga xizmat qiladi. Komilning ijtimoiy mavzudagi "Ochg'ali otlandi to sultoni Jam iqbol suv" misrasi bilan boshlanuvchi g'azalining birinchi misrasi maqta'da:

Iltifoti bahridin bir qatra Komil ichmadi,

Ochg'oli otlandi to sultoni Jam iqbol suv, - tarzida takror qo'llangan. Albatta, bu xil qaytariq asardagi asosiy g'oyani yana bir bor ta'kidlashni nazarda tutadi. Shu tarzda g'azalning oxirgi bayti birinchi bayt bilan uzviy bog'langan.

Komil g'azallarining ba'zi bir badiiy xususiyatlari haqida gapirganda, uning vazni ustida ham to'xtalib o'tish kerak bo'ladi. Avvalo, shunisi ma'lumki,u faqat aruz vaznidagina she'rlar yozdi. Ammo u qo'llagan bahrlar xilma-xildir. Biz uning devonida hazaj, mujtas, ramal, rajaz kabi bahrlarni uchratishimiz mumkin. Komil nomlari qayd etilgan bu asosiy bahrlarning bir qancha tarmoq bahrlarida muvaffaqiyat bilan g'azallar yozib, o'zining boshqa ko'p yirik shoirlardan qolishmasligini ko'rsatgan. Masalan, u hazaj bahrining "hazaji musammani solim", "hazaji musammani axrabi makfufi mahzuf", "hazaji musaddasi axrabi maqbuzi mahzuf", "hazaji musammani musabba" kabi anchagina tarmoq vaznlarda barakali ijod etgan.

  Komil lirik merosining katta qismini g'azallar tashkil etishi inobatga olinsa, shoirning mavjud nashrlardagi, qolaversa, qo'lyozma va toshbosma matnlaridagi g'azallarini ham bugungi kun adabiyotshunosligi nuqtai nazaridan o'rganish shoir ijodi tadqiqi doirasida amalga oshirilishi zarur vazifalardan biridir. Bu, o'z navbatida, nafaqat Komil Xorazmiy ijodida, balki butun Xorazm adabiy muhitida ham g'azalning mavzu ko'lami, janriy va badiiy xususiyatlarini keng tadqiq qilishga xizmat qiladi.

1.2. Shoir g'azallari tasnifi

G'azal nazariyasi, uning muayyan tarixiy davrlardagi, muayyan ijodkorlar adabiy merosidagi o'rni o'ziga xosligi adabiyotshunosligimizda atroflicha o'rganilgan[14]. Bugun biz "universial" deb hisoblaydigan, rus adabiyotshunosligida "стихотворение" deb ataladigan "maxsus ism bilan atash qiyin bo'lgan xilma-xil she'rlar" (Belinskiy) vazifasini mumtoz adabiyotda g'azal bajargan desak, xato qilmaymiz. Sharq poeziyasi janrlari xilma-xil bo'lmasin, aynan g'azal janri keng tarqalgan. Hajmda nisbatan va mutloq erkinligi, mavzu qamrovining kengligi, yakkaqofiya orqali

---

[14] Nosirov O. O'zbek adabiyotida g'azal. – Toshkent: 1972.

kompozitsion uyushtiruvchanlik va ritmni quyuqlashtirish imkoniyatining mavjudligi – xullas, qisqa muddatli his-tuyg'ular ifodasiga asoslangan lirik asar uchun har tomonlama qulaylik g'azalning keng tarqalishiga asos bo'lgan.

XIX asr oxiri XX asr boshlari – adabiyotimizning g'azal eng keng tarqalgan so'nggi davri bo'lib qoldi. Xususan, Komil Xorazmiy shoir sifatida klassik poeziyamizning eng yaxshi an'analarinining merosxo'ri va ijodiy davomchisi bo'ldi. U zo'r iste'dod bilan klassik poeziyamizning boy she'riy shakllarini, murakkab vazn turlarini, rang-barang uslubini chuqur egalladi va katta mahorat bilan ularning go'zal namunalarini yaratdi. Shoir she'riyatini, xususan, g'azallarini, avvalo, mazmun-mundarijasiga ko'ra quyidagicha tasniflash mumkin:

1) Ishqiy g'azallar;
2) Ma'rifiy g'azallar;

3) Ijtimoiy g'azallar.

Sharq poeziyasining yirik vakillari ijodida keng o'rin olgan muhabbat talqini Komil g'azallarining asosiy qismini tashkil etadi. Navoiydan ilhomlangan va uning eng yaxshi an'analarini davom ettirgan, shu bilan birga o'z zamonasidagi ijtimoiy hayotdan, insonlarning muhabbat sarguzashtlarini ibrat bilan o'rganishga tirishgan Komil ham o'zining muhabbat mavzusidagi g'azallarida, asosan, real insoniy muhabbatni kuylashga intiladi. Ammo bu o'rinda Navoiy lirikasini Komildagi muhabbat lirikasi bilan bir qatorga qo'yish mumkin emas. Bu masalada Komil har holda Navoiy bilan bir qatorda o'z g'azallarida real insoniy muhabbat tasviriga erishgan. Uning g'azallarida Navoiydagidek yorning tashqi qiyofasi, go'zalligi bilan birga, ichki dunyosi, ya'ni ruhiy va axloqiy jihatdan bo'lgan go'zalligi ham aks ettiriladi. Komil real ishq-muhabbatni insonning asosiy sifatlaridan, olijanob fazilatlaridan biri deb hisoblaydi. Shoir dunyoni va uning lazzatlarini yorsiz tasavvur qilolmaydi. Kishining a'zosi salomat bo'lmasa, quruq jonning foydasi bo'lmaganidek,yorsiz ichilgan obihayvonning (tiriklik suvining) ham hech foydasi yo'qdir. U davom etib, yozadi:

Bahoru, bog' sayrin naylayin bir lahza jononsiz,

Borurmu bulbul ul gulshang'a kim, gul bargi xandonsiz.

Shoir ishq-muhabbatni inson qalbining xazinasi deb tushundi. Durri yaktosiz sadafning qadru qimmati bo'lmaganidek, muhabbatsiz dilning – yurakning ham bahosi pastdir. Shuning uchun ham o'ziga murojaat qilib:

Zamiring aylagil ishqu muhabbat ma'dani, Komil,

Ne qadru e'tibor o'lg'ay sadafga durri g'altonsiz –

deydi.

Shoirning muhabbat mavzusida yozilgan g'azallari orasida yorning turg'un holatdagi obrazini berish bilan birga, uning jonli harakatini real tasvirlovchi she'rlar ham uchraydi. Yorning uzoqdan noz bilan o'g'rincha boqishi, unga yaqin kela olmay ichki azobga tushib turgan shoirni uchratib qolgani va bu uchrashuvda lutf-marhamat bilan uning qoshig'a kelgani shunday tasvirlanadi:

Yuz shukurki, ko'rdim bu kun ul mohliqoni,
Ming lutf ila yonimdan o'tib bo'ldi ravoni,
Ne bor edi yonimda raqib ahlidin osor,
Ne mahrami damsoz, ne ag'yor nishoni.
Ko'rgach meni – zorin, boqibon noz ila yerga,
O'ziga bahona qilibon sharm-hayoni.
Chun keldi yaqin aylabonm izhor tavozi'
Holimg'a nigoh ayladi, lutf ila nihoni.

Men ko'rgach ani behud o'libman bu sifatkim,

Kim ko'rsadegay: yo'qdir aning jismida joni.

Komilning ishqiy mavzudagi lirikasiga ishning keyingi boblarida yana to'xtalib o'tamiz. Uning g'azallarida davrning ijtimoiy vaziyati, ma'rifiy ahvoli badiiy bo'yoqlarda bayon etilgan.

Demokratik ruhi bilan sug'orilgan Komil Xorazmiy poeziyasida o'sha tarixiy sharoitda O'rta asr qoloqligi va jaholati hukmronlik qilgan Xiva xonligi davrida ma'rifatchilik g'oyalarining rivoj topishi tabiiy edi. Chunki xalqchillik g'oyalari, xalq to'g'risida qayg'urish, o'z-o'zidan uni ma'rifatga tashviq qilish, jaholatdan, nodonlikdan uni qutqarish uchun kurash g'oyasini keltirib chiqarar edi. Shunday qilib Komil Xorazmiy poeziyasidagi demokratizm, xalqchillik g'oyalarining mantiqiy davomi, qonuniy rivoji sifatida unda ma'rifatparvarlik motivlari maydonga keldi.

Xiva xonligi hayotida Rusiya bosqini munosabati bilan ro'y bergan voqealar badiiy ijodda, jumladan, Komil Xorazmiy ijodida ham o'z ifodasini topdi. Rusiya Qo'qon xonligi hududlarini bosib olib, Buxoro amirligi va Xiva xonligini o'z vassaliga aylantirganidan boshlab o'lka ijtimoiy-madaniy hayotida ba'zi yangiliklar ham ro'y bergan edi. Shulardan biri butun Markaziy Osiyoda Komil, Sattorxon, Furqat, Sayidrasul Aziziy, Rojiy Marg'iloniy kabi ilg'or ziyolilar tomonidan asos solingan yangicha ma'rifatparvarlik yo'nalishi va adabiyoti edi.

Ziyolilar rus ilm-fani, tili va madaniyatini egallash, shu orqali, birinchidan, o'zlikni anglashga va tiklashga urinish, ikkinchidan, zamona talablariga javob beradigan millat avlodini yetkazish yo'lini tutdilar. Bu sohada buyuk omil maktab, matbuot, adabiyot edi.

Matbuot yo'q edi . Maktab va adabiyot esa tamom eskirgan edi. Mana shunday nozik sharoit va buyuk orzu Komil va uning bir qator maslakdoshlarini mashhur missioner N. Ostroumovning Chor hukumati siyosatni o'rniga qo'yib kelayotgan o'zbekcha "Turkiston viloyatining gazeti" bilan hamkorlik qilishga majbur etdi.

Shu tariqa Komil Xorazmiyning yangicha ma'rifatparvarlik yo'nalishidagi bir necha asarlari yaratildi va 1891-yildan boshlab mazkur gazetada e'lon qilindi. Shoirning "Ikki sho'x" radifli g'azali ushbu yo'nalishdagi asarlaridan bo'lib, u mavzu, g'oya, novatorona ruh va mahorat jihatidan ham ijodkorning bungacha yaratgan asarlaridan farq qiladi.

O'zbekiston Respublikasi Markaziy davlat arxivida "Ikki sho'x" radifli she'rning dastxat nusxasi, uning gazeta sahifasiga kiritish uchun tayyorlangan korrekturasi, korrektura ustiga muharrir tomonidan bitilgan qaydlar hamda she'r qayerda, qanday munosabat bilan dunyoga kelgani xususidagi N.Ostroumov kundaligidagi yozuvlar ham saqlanib qolgan. Ma'lum bo'lishicha, Komil Xorazmiy 1891-yilning 28-avgustidan 13-sentabrgacha valiahd shahzoda Asfandiyorga hamroh sifatida Toshkentga bo'lgan vaqtida shaharning eski shahar qismi boshlig'i, keyinchalik vabo qo'zg'olonining asosiy aybdorlaridan sanalib, hibsga olingan va Qo'qon turmasida halok bo'lgan Inomxo'ja o'g'linikida mehmon bo'lib, yirik ma'rifatparvarlardan Muhiddinxo'ja hamda Sharifxo'ja bilan davrning dolzarb masalalari bilan suhbatlashgan. Undan sal ilgariroq, ya'ni 5-sentabrda Komil Xorazmiyni N.Ostroumov uyiga taklif qilgna. Bu yerda Sattorxon Abdug'affor o'g'li bilan ham suhbatda bo'lgan. Ostroumov Komil Xorazmiyni Toshkent erlar gimnaziyasiga ham olib borib, u yerdagi darsxonalar, o'quv qurollari, boy kutubxona va boshqalar bilan, tipo-litografiyada esa poytaxt matbaachiligi usullari bilan batafsil tanishtirgan.

"Ikki sho'x" radifli g'azali shoirning N.Ostroumov xonadonidagi mehmondorchilikdan olgan taassurotlari asosida yaratilgan. Zotan Ostroumovning o'zi she'rning gazetada chop etish uchun tayyorlangan korrekturasi hoshiyasida "Xiva xonining mirzaboshisi Pahlavon Mirzaboshining 5-sentabrda mening uyimda o'tkazgan kechasidan xotira tarzida yozga she'ri" degan qaydni qoldirgan.

Yevropa va sharq musiqa merosidan ba'zi namunalarni, rus xalq qo'shiqlarini fortopyano jo'rligida tinglash, chamasi, Ostroumovning ikki qizi ijro etgan raqslarini tomosha qilish natijasida yaratilgan "Iki sho'x" radifli g'azalning shoir asarlari nashriga kirmagan muallif dastxati asosidagi matni quyidagicha:

Solurdi g'amza hadangin kamona ul iki sho'x,
Mani ul o'qg'a qilurlar nishona ul iki sho'x.

Ham iki gul kibi bir shoxdin ochilmishlar,
Qilur navosini ham bulbulona ul iki sho'x.
Eshitsa bandasi bo'lg'usi Zuhrou yana Bahrom,
Rubobu chang ila tuzsa tarona ul iki sho'x.
Boqib jamolig'a yuz til bila fig'on aylar,
Yetursa ilkini fartapiyano ul iki sho'x.
Qilurda nola araqdin iki yuz bo'lub gulfom,
Ko'zumdin ayladi qon yosh ravona ul iki sho'x.
Quchoqlashib bo'ladur bir-biriga juft andoq,
Ki toqupo'sti Iramg'a dugona ul iki sho'x.
Parilar erdimukin, uchtilar ko'zimdin yo,
Farishta erdimu charxi oshyona ul iki sho'x.
Birisi Komil bedilg'adur base matlub,
Agarchi xo'blar ichra yagona ul iki sho'x.

N. Ostroumov shaxsiy fondidagi nusxa bilan Komilning qo'lyozma va toshbosma devonlaridagi matnlarni qiyoslash shuni ko'rsatadiki, muallif g'azalning dastxat nusxasini "Turkiston viloyatining gazeti" muharririda qoldirib, Xivaga borgandan so'ng asar matni ustida qayta-qayta ishlagan, deyarli har bir baytga o'zgartirishlar kiritgan. Ayni vaqtda, Komilning yangicha ma'rifatparvarlik qarashlari alohida mahorat bilan namoyish etilgan quyidagi ikki muhim baytni undan tushirib qoldirgan:

Boqib jamolig'a yuz til bila fig'on aylar,
Yetursa ilkini fartapiyona ul iki sho'x...
Quchoqlashib bo'ladur bir-biriga juft andoq,
Ki toqupo'sti Iramg'a dugona ul iki sho'x.

Bu ikki baytning alohida ahamiyati shundaki, Komil badiiy san'atlardan zo'r mahorat bilan foydalanib, mahbubaning nozik barmoqlari sehri bilan deyarli kuylar taratayotgan fortepyanoni ma'shuqa jamoliga boqib fig'on chekayotgan bag'ri qon oshiq shamoyilida gavdalantiradi. Mislsiz novatorona manzara va holat yaratadi. Ikkinchi baytdagi bir-birining bag'riga jo bo'lib, haroratli raqs ijro etayotgan ikki go'zalni Eram bog'ining chirmashiq gullariga o'xshatib, o'ta ko'rkam va o'ziga xos tashbeh qo'llaydi. Yuqoridagi ikki baytda fortepyano iborasining ishlatilishi, Yevropa turmush tarziga xos raqsning bunchalar mahorat bilan tasvirlanishi Komil she'riyati uchungina emas, balki butun ko'p asrlik Sharq she'riyati uchun yangilik edi. Baytlarning keyinchalik Komil devonlariga kiritilmay qolishiga kelsak, she'rda ifodalangan fortepyano va yevropacha raqs tushunchasi hali u vaqtlarda Xiva xonligida umuman bo'lmaganligi sababli ular o'quvchi tasavvuriga singmay qolishi nazarda tutilgan bo'lsa kerak.

Shoir o'zining "Kamol" radifli g'azalida inson kamoloti uchun ilm-hunar zarur ekanligini uqtiradi. Uning ta'kidlashicha, mol-mulk, davlat kamolot belgisi emas. Inson uchun zarur bo'lgan bu ma'naviy fazilatni yolg'iz ilm-hunarni, zamonaviy bilimlarni o'rganish natijasidagina egallash mumkin:

Emas kishiga bu dunyoda mol-mulk kamol,
Husuli ilm-hunar keldi bezavol kamol.
Kamolsiz kishi har yerdadur xijolatmand,
Yeturmagay kishiga hargiz infiol kamol.
Kamol bergusidur so'zga shuhratu, ta'sir,
Bu qushg'a qilg'ali parvoz parru bol, kamol.

Shoir yuqoridagidek, ilmni targ'ib qiladi-yu, ammo u zamonda ilm va ilm ahllarining qadr-u qimmati nihoyatda past bo'lganidan, davlat ularni qadrlamaganidan shikoyat qiladi. Agar bilim dunyosining Aflotuni bo'lsang ham falak sening qasdingga ish qiladi, - deydi:

Bo'lmasa garduni sufla do'st gardun, ey ko'ngul

Nega dunni shod etar, dononi mahzun, ey ko'ngul

Chun falak nodon navozu, hasmi donodur, ne sud,

Donish iqlimida boʻlsang gar Falotun, ey koʻngul.

Maʼrifatparvarlik gʻoyasi Komil Xorazmiy poeziyasining yetakchi motivlaridan biri boʻlib, uning progressiv shoir va madaniyat arbobi ekanligini belgilashda muhim rol oʻynaydi.

Koʻpchilik yirik sanʼatkorlar ijodida alohida koʻzga tashlanib turadigan ijtimoiy motivlar Komil ijodida ham mavjuddir. Bu oʻrinda, avvalo, uning gumanizm gʻoyalarini olgʻa suruvchi gʻazallari ahamiyatga molikdir. Shoir insonga chinakam muhabbat bilan yondashadi. Uning kishi, kishilikning huquqi, orzu-istaklari toʻgʻrisidagi fikrlari, zulmga va adolatsizlikka qarshi noroziligi bilan uzviy bogʻlangan.

Komil ijtimoiy lirikasida jamiyatdagi, ayniqsa, shoir faoliyat yuritishga majbur boʻlgan saroy muhitidagi ilm – hunar ahliga, sof qalbli insonlarga nohaq munosabat, ularni ta'qib va tahqir etish hollari zo'r iztirob bilan tasvirlanadi. Zotan, Komilning o'zi ham el-yurt tinchligi, adolat tantanasi uchun olib borgan fidokorona ishlari uchun xon atrofidagi qora kuchlar, ba'zi hollarda esa xonning o'zi tomonidan ham ruhiy azoblarga solingan edi. Komil o'ziga nisbatan bunday nohaq munosabatdan iztirobga tushib, xonga haqiqiy ahvolni bayon etuvchi "Aylama" radifli g'azal bilan murojaat etadi. Shoirning "Fuzalo" va "Juhalo" radifli keskin g'azallari shu tariqa dunyoga keldi. Komilning "Fuzalo" radifli g'azali Munisning "Shuaro" radifli g'azaliga ancha yaqindir. Agar Munis g'azalida "jafokash elga ahvolini bayon qiluvchi "dardmand" shoirlar haqida gapirsa, Komil bir guruh zo'ravon jaholat ahllari oldidagi "Mag'lubu notavon" fozillar haqida so'zlaydi:

Munis:

Yutubon bu zamonda qon shuaro,

Nazm etar gavhari fig'on shuaro –

desa, Komil shu fikrni:

Yutubon bu zamonda qon fuzalo,

Kulfat o'qug'adur nishon fuzalo –

shaklida takrorlaydi. Komil she'rning qimmatiga yetmovchi va uning taraqqiyotiga yordam qilmovchi nodonlardan zorlanadi. Donishmandlar oldida har biri qimmatli la'l-javohir bo'lgan so'z johillar oldida tikoncha ham qimmatga ega emas, deb noliydi:

Buxl eliga demagil, ey zubdan davron, so'zung,

Hayf etar, qadrini bilmas, suflan nodon, so'zung.

Garchi so'zdek gavhari qimmat baho yo'q dahr aro,

Bor alarming qoshida har muhradin arzon, so'zung.

O'zining asosiy yo'nalishi, fikriy mundarijasi jihatidan "Hadis" radifli g'azaliga hamohang bo'lgan bu misralarni shoir shunday g'amgin yakunlaydi:

Tobmasang so'z lazzatidin Ogahu Komil kishi,

Saqlagil bo'lg'uncha ko'ngling pardasida qon, so'zung.

Komil yashagan zamonda feodal zulmi o'zining nihoyatiga borib yetgan, xalqning taqdiri, mustabid xonlarning va saroyga to'plangan bir guruh yirtqich ekspluatatorlarning qo'lida qolgan edi. U davrda adolat yerga urilgan, haqiqat quvg'in qilingan edi, iqtisodiy qullik, siyosiy huquqsizlik xalqning ajralmas yo'ldoshi edi. Zamonasining ilg'or farzandlaridan bo'lgan Komil ko'z o'ngida bo'layotgan bu voqealarni chetlab o'tolmadi. Uning qalbida jafokash xalqqa hurmat va shafqat tuyg'ulari tobora o'sdi. Shoir zulm ostida qolgan ommaga achinib, uni bu bedodlikdan himoya etishni orzu qiladi. Adolatsizlikning hamma chegaralaridan ham chetga chiqib ketgan zolim xonga murojaat qilib, adolat talab etadi:

Gar oltun qasr esa johing, ulus holiga rahm etgil,

Seningdek necha shahanshohni oʻtkardi bu ayvon.

Komil xonga qarab: garchi sening qasring oltindan, mansabing gʻoyat ulugʻ boʻlsa ham, xalqqa rahm qil, chunki bu dunyo senga oʻxshagan shohlarning koʻpini oʻtkazdi, deydi. Shoir hukmdorga davlatni adolatli ravishda idora qilish yoʻl-yoʻriqlarini oʻzi tasavvur qilgancha chizib beradi. Uning fikricha, xon davlatni faqat adolat bilan boshqarib, zulm koʻchalarini adolat nuri bilan yoritishi kerak. Boylikka moʻl boʻlgan davlat xazinasidan esa saroyning oʻzi emas, fuqaro ham bahramand boʻlsin. Nihoyat, fozillarga davlat ishida yaqindan ishtirok etish imkoniyatini berib, johillar uzoqlashtirilsin. Mana uning xonga nasihat ohangida yozilgan, chuqur gumanizm g'oyalari bilan sug'orilgan g'azalidan ba'zi baytlar:

Xisravo, davri falak amringga ma'mur o'lsun,

Xizmatingda tunu-kun xurramu masrur o'lsun.

Ayn addling yoritib zulm shabistonini,

Ayn olamg'a dog'i andin o'kush nur o'lsun.

Mahzaning durri javohir bila mimlu doim,

Faqr eliga karamining vofiri – mavfur o'lsun.

Dargahingda fuzalo mahrami asrori qariyb,

Juhalo andin o'kush alba'd mahjur o'lsun.

Hukmdorlarning dabdabali hayoti, saroyning nash'u namosi uchun iqtisodiy zamin yaratib beradigan, og'ir zulm ostida tinmay mehnat qiluvchi oqko'ngil, to'g'ri xalq xuddi shaxmat taxtasidagi "rost ruxdek" xon va uning iltifotidan mahrum bo'lib, chetda qolar edi. Egri niyatli beklar, amaldorlar esa "kajrav farzin" singari xonga saroyning izzat va marhamatiga yaqin turar edilar. Komil "Buzuq ko'ngilni gar obod istasang chek ranj" misrasi bilan boshlanadigan ta'limiy xarakterdagi bir g'azalida deydi:

> Qaribi shoh o'lur kajrav uylakim farzin,
> Baid o'lg'usidur rost chun ruhi shatranj.

Shoir xonning diqqatini adolatli bo'lishga jalb qilib, bu haqdagi fikrlarini kuchaytirish, yanada ta'sirliroq chiqarish maqsadida dindorlar uchun eng katta obro' hisoblangan xudoni o'rtaga soladi. O'zi ham dindor bo'lgan shoir tushunchasida musulmon zolim bo'lmasligi kerak. Hukmdor xalqqa boshliq bo'lganidan keyin bu hurmatga loyiq ish qilib, ulusdan xabardor bo'lib turishi lozim:

> Hamisha tarbiyat aylab ulusdin o'z ogoh,
> Seni chu qildi haq ahli sipohg'a sarhanj.

Shoirning fikricha hamma narsaning o'z me'yori, nihoyati bor. Mazlum bechoralar boshiga dard, kulfat yog'dira berish ham doimo izsiz ketmaydi. Agar mazlum xalq oh ursa, uning o'tli alangasi xonning butun saltanatini kuydirib yuborishi mumkin.

Komilning dunyoqarashidagi o'z davri bilan xarakterlanadigan kuchsiz tomoni shundaki, u zulmga va ekspluatatsiyaga qarshi ochiqdan-ochiq norozilik bayon qilmasdan, yaramas tuzumni o'zgartirish kerakligi haqidagi fikrlarni dadil ifodalamasdan, xondan adolat talab qiladi.

Komil Xorazmiy poeziyasining xarakterli belgilaridan biri, unda g'urbat motivining o'ziga xos usulda ishlanishidir. Ma'lumki, adabiyotimizda g'urbat motivi keng tarqalgan motivlardan biridir. Shoirlarimiz ijodida uning ko'p namunalari uchraydi. G'urbat motivida Alisher Navoiy, Z. M. Bobur, nihoyat, Furqat go'zal, jo'shqin she'rlar yaratgan. Komil

Xorazmiy poeziyasida g'urbat motivining o'ziga xos xususiyati shundaki, shoir o'z vatanida turib, o'zini g'urbatda his etadi, begona sezadi va g'urbat mavzusida she'rlar yozadi. "Diyorning yor bo'lmasligi" to'g'risidagi his-kechinma Komil Xorazmiyga xos bo'lib, bu kechinma shoir bilan uni o'rab olgan hukmron ijtimoiy o'rtasidagi kelishmovchilikni, qarama-qarshilikni ko'rsatadi, natijada shoir o'z vatanida ham o'zini g'urbatda his etadi:

Ne sud ochilsa, o'lsa bahor g'urbat aro,

Mengaki bo'lmasa yoru diyor g'urbat aro.

Ochilmadi chamaniston havosidin ko'nglum,

Ko'zimga gul erur andoqki xor, g'urbat aro.

Yiroq tushkali ahbob suhbati mayidin,

Nishot jomig'a bo'ldim xumor g'urbat aro.

Chiqay vatan sadafidin dema guhar yanglig',

Agarchi bo'lsa senga e'tibor g'urbat aro.

Vatanda sokin o'lub sayr et olami bolo,
Safarni aylamagil ixtiyor g'urbat aro.
Tob emdi Xeva qila Pahlavonni Komil esang,
Dema – Buxoroi sharifu Mazor g'urbataro.

II BOB. IJODKOR G'AZALLARIDA MAZMUN VA SHAKL MUTANOSIBLIGI

2.1. Shoir g'azallarida oshiq, ma'shuq va raqib obrazlari

Komil Xorazmiy lirikasida ancha ahamiyatli o'rinni ishg'ol qilgan mavzulardan biri – muhabbat mavzusidir. Muhabbat haqida uzoq asrlar davomida Sharq poeziyasining yirik vakillari betakroq qalam tebratib kelganlar. Ma'lumki, shoirlar muhabbat masalasiga bir xil yondashmasdan, uni o'zlarining dunyoqarashlari nuqtai nazarlaridan turlicha tushunganlar va har xil talqin qilganlar. Nizomiy, Navoiy, Bobur, Munis, Ogahiy kabi yetuk shoirlarda biz ham "Ishqi Ilohiy", ham "Ishqi majoziy" uyg'unligini ko'ramiz. Navoiydan ilhomlangan va uning eng yaxshi an'analarini davom ettirgan, shu bilan birga o'z zamonasidagi ijtimoiy hayotdan, insonlarning muhabbat tuyg'ularini ibrat bilan o'rganishga uringan Komil o'zining muhabbat mavzusidagi g'azallarida, asosan, haqiqiy insoniy muhabbatni kuylashga intiladi. Uning she'rlarida yorning tashqi qiyofasi bilan bir qatorda, uning ichki dunyosi, ruhiy va axloqiy go'zalligi ham tarannum etiladi.

"Ayn"u "shin"u "qof"inga to bo'ldi ko'nglum mubtalo
"Dol"u "ro"u "dol"u hajringdin dame erman judo, -
deb boshlanadi shoirning bir g'azali. Ya'ni "ayn", "shin", "qof" – "ishq"inga ko'nglum mubtalo bo'lganidan buyon "dol", "ro", "dol" – "dard"u hijroningdin bir nafas (dame) ham xoli emasmen, demoqda shoir. She'r boshdan oxirigacha shu tarzda harflar o'yini bilan davom etadi. Bunday usulni sharq she'r ilmida kitobat san'ati deganlar.

Shoir lirikasi o'z mazmuni, umumiy ruhi va uslubi jihatidan o'ziga xoski, unda hayot va insoniy kechinmalar obektiv va real kuylanadi.

Komil g'azallarining asosiy qismini ishqiy lirika tashkil qiladi. Shoir hijron qiynoqlari, ma'shuqa vasfi, u bilan bog'liq kechinmalarni o'ziga xos tarzda mahorat bilan tasvirlaydiki, o'quvchi ko`z oldida chin muhabbat manzarasi paydo bo'ladi. Shoir bir ishqiy manzumasida:

Ul quyosh meni vahkim, asru zor etib ketti,
Zarradek dilu jonim beqaror etib ketti, -

deya quyoshga mengzagan, quyosh deb atagan sevgilisini vasliga zor, uning hajrida dil-u jon-u beqaror ekanligidan kuyunsa, yana bir ishqiy she'rida yorning tavsifini, uning baland sarv qomati-yu, o'ynoqi fusunkor ko'zlarini erkalabgina jozibalik misralarda ifodalaydiki, ko'z oldiningizda malaksiymo bir pari suratlanadi:

Qomatim ham aylagan ul sarvi sarafrozlar,

Ko'zlarim nam aylagan ul chashmi afsunsozlar.

Lirik qahramonimizga mahbubaning yoqimli harakatlari-yu noz-u karashmalarigacha yoqadi va shuning izhorini ishqqa to'la iliq satrlarda beradi:

 Bani shaydo edon ul mahvashi tannozlardurlar,

 Niyozim qilmayin manzuri masti nozlardurlar.

Oshiq mutlaqo asir bo'lgach, Laylini sevgan Majnun kabi ishq tuzog'iga
tushadi, sahrolar kezib sargardon, ma'shuqa ishqi o'tida otashparast bo'ladi:

 Domi muhabbatingga to poybast bo'ldum,

 Layli yo'lida go'yo Majnun mast bo'ldum,

 Tun-kun urub toku po', sahronishast bo'ldum,

 Bu dasht aro quyundek bepoyu dast bo'ldum,

Ishqing o'tig'a go'yo otashparast bo'ldum.

Komilning ishqiy g'azallarida, asosan, oshiq-shoir, ma'shuqa va raqib obrazlarini tasvirlanadi. Oshiq rolidagi obraz – lirik qahramon juda kamtar, vafodor, juda samimiy muhabbat egasi bo'lib gavdalanadi. U yor vaslini istab oh-u fig'on qiladi, baxtga yetisha olmay qayg'u-alam chekadi. Komilning "Qilmading", "Ul gulruh", "Ul oyni hiylavu afsun ila to g'ayr ozdurmish", "Qoshu ko'zung", "Bulbul" singari g'azallarida oshiqning ma'shuqaga bo'lgan muhabbati, uning visol yo'lida chekkan dard-sitamlari, shu bilan birga, ag'yor (raqib)ning ma'shuqa yonida ekanligi oshiqni parokanda etayotgani badiiy bo'yoqlar bilan ifoda etilgan. Shoirning "Qoshu ko'zung" radifli g'azalida oshiq ma'shuqaning ko'z-u qoshini jon ofati deya tasvirlaydi, boshiga tushgan yuz ming ranj-u alam shu qosh-u ko'z tufayli ekanligini aytib o'tadi.

Bundan tashqari ag'yorga ma'shuqaning munosabati oshiqni ahvolini yomonlashtiradi:

Jon ofati ekandur, ey mahvash sanam, qoshu ko'zung,

Soldi boshimg'a yuz tuman ranju alam qoshu ko'zung.

Ming nozu jilva aylabon ag'yorga, faryodkim,

Aylar mango yuz ming tuman javru sitam qoshu ko'zung.

Shoir o'zining yorga bo'lgan muhabbatini tasvirlab, uning xatti-harakatlaridan g'am-alam yutadi. Uni raqib bilan so'zlashganda, oshiqning uyqusi harom bo'lgani, bu uning diliga dog' solganini iztirob bilan tasvirlaydi:

Qilib firoqida subhimni shom ul gulruh,

Makonim etmadi bir tun maqom ul gulruh.

Ko'z uchidin mango qilmay nigoh birdam, oh

Qilur ulusg'a o'qush ehtiromul gulruh.

Hamisha aylabon ul ag'yor birla suhbatu bazm,

Yubormadi manga hargiz payom ul gulruh.

Oshiq fikrlarini davom ettirar ekan, olam elida o'zidek oshiq-g'ulomni topilmasligini bayon qilib ketadi.

Komil oshiq-ma'shuq-raqib obrazlari uchligida o'zining badiiy poetik mahoratini go'zal misralarda tasvirlagan, obrazlar tizimini badiiy bo'yoqlarda shakllantira olgan. U mavjud obraz va badiiy vositalarni takrorlash bilan birga o'zining ijodiy qobiliyati uchun xarakterli bo'lgan original obrazlar ham yaratadi. Uning poeziyasidagi muvaffaqiyatli o'xshatishlar, favqulodda istioralar, mubolag'alar, ajoyib sifatlashlar va boshqalar, shubhasiz, uning o'z ijodiy mehnati mevalaridir. Ularga murojaat qilishdan maqsad she'rlarni badiiy tasvirlash vositalari, figuralar bilan ta'minlash emas, balki bayon etilmoqchi bo'lgan fikrning ta'sir kuchini va emotsionnalligini oshirishdir. Shoir, ayniqsa, yor obrazini tasvirlaganda, bo'yoqlar hamda badiiy vositalardan keng foydalanadi. Masalan, ma'shuqa juda baland nuqtadan joy olgan. Shoirning qalbi har xil choralarni izlab, uning yoniga borishga intiladi. Ammo unga yetolmaydi, oh chekadi. Nihoyat, o'zining shu chekkan ohlaridan zinalar yasab, unga chiqishni va ma'shuqa yoniga shu zinalar orqali borishni xayol qiladi:

Yetmas ko'ngul fig'oni muallo janobingg'a,

Har necha ohdin yasasa anga zinalar.

Go'zalning g'oyat xushro'y, sohibjamol ekanini tasvirlash uchun ortiqcha bo'yoqlar izlab, ta'rif-tavsifini uzoq yozib o'tirmay quyosh uning mahbubasi oldida xira ekanini aytib, o'tkir mubolag'a yaratadi:

Yoruta olmas shabistonim quyoshing, ey spehr,

Ul yuzi xurshid pur anvora oshiq bo'lmisham.

Shoir yorning qiyofasini, ajoyib xislatlarini tasvirlashga kirishganida, shoirning ko'zi – siyohdon, kiprigi – qalam, ko'z yoshi – siyoh va joni - qog'oz bo'ladi. Lekin yor tavsifini hech tugatolmaydi. Yorning husni oldida har qanday o'xshatish kuchsizlik qilib, har qanday mubolag'a ozlik qilib qoladi. Shuning uchun shoir qiyofasi yo'q, kuchli obraz yaratishga urinadi. Dilbarning shaklini Sharqning eng mohir rassomlari tomonidan chizilgan original naqshga, portretga o'xshatadi. U:

Qoshu, ko'zingning shaklidin qatlimga nas zohir bo'lur,

Chekkanda go'yo suratin bu naqsh Behzod aylamish , –

deydi va yorning ruxsorini go'yo mashhur rassom Behzod tomonidan chizilgan mumtoz bir suratga monand qiladi. Bu misol bir tarafdan shoirning

Behzodga yuksak baho berishini ko'rsatsa, ikkinchidan, naqqosh va rassom sifatida yaxshi mutolaaga ega bo'lganini, hamda tasviriy san'atning eng nozik asarlarini yaxshi tushuna olganini ko'rsatadi.

Komil g'azallarida quyidagi singari chiroyli istioralar anchagina uchraydi:

Gul uzra jola emas, maqdaming nisori uchun,

Qizil tabaqqa terar durri shahvori bahor.

Ya'ni: Qizil gul ustiga qo'ngan narsa shabnam deb o'ylama, bahor qadamlaringga sochish uchun qizil tabaqqa dur termoqda.

Yorning yo'lidagi ishq dardini shoir bulbulning chamandagi oh-u fig'onidan ham uzunroq va ortiqroq deydi. Nega? Chunki bulbul faqat bahordagina fig'on cheksa, oshiq – shoir bahorda ham, xazon faslida ham tinimsiz ishq olovida o'rtanadi. Yorning xayolisiz uning ko'ngli orom topmaydi:

Mening ishqim fuzun bulbuldin oʻlsa ne ajab sensiz?

Emasman gar bahoru, gar xazon bir lahza afgʻonsiz.

Koʻngil vayron boʻlur bir lahza ayrilsa xayolingdin,

Xarob oʻlgʻay, bali, har mulk kim gar boʻlsa sultonsiz.

Dilbarga boʻlgan muhabbat shoirda tobora kuchayadi. Ammo dilbar oʻzining iltifotsizligi bilan shoirni chuqur ruhiy kechinmalar girdobiga tortadi. Uning diliga "loladek dogʻ" solib, chamanda raqiblar bilan "lolafom may" ichadi. Yorning sadoqatsizligidan ranjigan oshiq bundan keyin qoshiga yor kelganda ham eʼtibor bermaslikka ahd qiladi. Biroq "ishqi otashin" bunga yoʻl qoʻymaydi.

Shoir "Qilmading" radifli gʻazalida anʼanaviy mazmunni yangi liboslarda ifoda etishga erishgan:

Egnima kiydurmading lutfu inoyat xil'atin,

To libosi ofiyatdin jismimuryon qilmading.

G'azalning ayrim misralari Bobur g'azallarini yodga soladi:

Xasta ko'nglum tah-batah qon qilmaguncha g'unchadek,

Ochilib majlisda ruxsoring gulafshon qilmading.

Umaman, Komil yor tasvirini, unga bo'lgan muhabbatni tasvirlashda judayam katta yutuqlarga erishgan ijodkordir. Muhabbat tasvirini go'zal tashbihlar bilan tarannum etib, o'zining bu nihoyati yo'q dardini so'zlab yorga murojaat qiladi:

Ishqin o'tidin emdi qilmag'um hazar, ey sho'x,

Yona-yona bo'lmushdur o'ylakim samandar jon.

Bora-bora shoir ma'shuqaning jabriga, hijroniga o'rganib, itoatkor bo'lib qoladi. Endi yor oldida, uning har xil jafosi oldida mardlarcha sabr qiladi:

Har nav' jafong o'lsa qil, emdi menga, ey sho'x,

Kim ishqing aro Komili mardona bo'libman.

Oshiq-shoir obrazi boshqa shoirlarda ham uchraydigan oshiq-shoir obrazidan, asosan, farq qilmaydi. Chunki butun Sharq poeziyasida, juda oz istisno bilan, traditsiya holiga kelib qolgan bu obraz o'zining ma'shuqasi oldida qul darajasida beixtiyor, haddan tashqari itoatkor, o'zini nihoyatda kamsitadigan, ma'shuqaning har qanday zulmiga sabr qiladigan va azoblariga rozi bo'ladigan obrazdir. Bu holni biz Lutfiy, Navoiy, Bobur, Munis kabi qator shoirlar ijodida ko'p uchratamiz.

Shoir ma'shuqa go'zalligini ta'riflashda davom etadi:

Yuzung Mus'hafi o'lg'ay necha –
Kitobu kitobu kitobu kitob.

Mus'haf Qur'ondir. Shoir yor yuzini muqaddas Qur'on sahifasiga tashbeh etyapti. U sharh etilgudek bo'lsa, necha-necha kitob bo'ladi, demoqchi. Mazmunda ilohiy ishq jilva qilyapti. Muayyan so'zning muayyan o'rnidagi takrori ham san'at. Bunday usulni mukarrar san'ati deydilar. U kerakli fikrni kuchaytirishga xizmat qiladi.

Shoir yor ta'rifida an'ana izidan borib, chiroyli tashbihlar, manzaralar yaratdi:

Yuzung firoqidin, ey, rashki mehri raxshonim,

Qorong'udir kecha-kunduz bu baytul ahzonim, -

matla'li g'azali ham go'zal she'riy kashfiyotlar yaratilgani bilan ajralib turadi.

Bo'lur ko'zimg'a gul-o't, sarv-o'q chaman ichra,

Nedinkim qaddu yuzingdur meni gulistonim.

Yuzung quyoshidin ayru gar oʻlsa yuz xurshid,

Munavvar oʻlmoqi mumkin emas shabistonim, -

baytlarining birinchisida mumtoz sheʼriyatdagi anʼanaviy timsollar, yaʼni mahbuba ruxsorining gulga, qaddining shamshodga tashbeh etilganligi Komil Xorazmiyni aslo qoniqtirmaydi. Oshiq-muallifning idrokicha, chamanda gul-u sarv boʻlsa-yu, mahbuba boʻlmasa, bu chaman chaman emas, u gulni oʻt-oʻlan, sarv ogʻochini esa oʻq sifatida qabul etadi, chunki mahbubaning ruxsori-yu qaddi boʻlsagina chaman chaman boʻla oldi. Ikkinchi bayt ham mumtoz sheʼriyatdagi koʻrkam timsollardan birini, yaʼni mahbuba chehrasining olamni munavvar etuvchi quyoshga tashbeh etilishini keskin rad qilishi bilan eʼtiborga loyiq. Shoir fikricha, qorongʻu kechani yoritishga qodir yagona quyosh-yor yuzining quyoshi bo'lmasa, olamni nurga to'ldiruvchi yuzta quyosh baravar osmonga chiqsa ham oshiqning zulmat kechasini yoritishga qodir emas. Bu Komil Xorazmiy she'riyati uchungina emas, balki butun mumtoz she'riyatimiz uchun ham yangicha talqindir.

Haqiqiy insoniy muhabbatni kuylash, hayot va insonni ulug'lash Komil g'azallarining asosiy xususiyatlaridan biridir. Shoir insonni muhabbatsiz tasavvur eta olmaydi. U sadaf yonida "durri g'alton" bo'lmasa, uning qimmati bo'lmaganidek, muhabbatsiz insonning ham qimmati bo'lmaydi deb, bu fikrni o'z ishqiy lirikasiga asos qilib oladi:

Ko'ngul vayron bo'lur bir lahza ayrilsa xayolingdin,

Xarob o'lg'ay base, har mulkkim, gar bo'lsa sultonsiz.

Zamiring aylagil ishqu muhabbat ma'dani, Komil,

Ne qadru e'tibor o'lg'ay sadafga durri g'altonsiz.

Komil muhabbatni inson qalbidagi eng qimmatli ma'dan deb ta'riflaydi. U samimiy muhabbat orqali insonparvarlik g'oyalarini, do'stlik, vafodorlik, sadoqat kabi insoniy fazilatlarni targ'ib qiladi. Shoir g'azallarida oshiqning qalb to'lqinlari juda sodda, hayajonli tasvirlanadi. Traditsion ma'shuqa obrazi esa, Komil g'azallarida yuksak badiiy hayotiylik qozonadi.

Shoir yor ta'rifida an'ana izidan borib, chiroyli tashbehlar, manzaralar yaratdi:

Jonbaxsh la'ling ustida ul holi hindularmudur,

Yo chashmai hayvon uza zog'i siyah mo'larmudur.

La'l - qizil qimmatbaho tosh, yoqut. Uni shoirlar yorning labiga qiyos qilganlar. Bu la'l oshiqqa jon bag'ishlaydi.

Labning jon baxsh etishi va xolning qoraligini hinduga o'xshatish an'anaviydir. Lekin Komil go'zalning xoli, ko'zi, sochi, kipriklarini har baytda ikki xil o'xshatish orqali tasvirlab, o'zining lirik tasvirdagi mahoratini bunda yaqqol namoyish etadi. Go'zal ma'shuqaning labini "chashmai hayvon" – ya'ni hayot chashmasiga o'xshatsa, lab ustidagi xolni hayot chashmasidan suv ichgani kelgan qora zag'chalarga qiyoslaydi. Uning jamolini ko'rkam boqqa o'xshatsa, ko'zlarini bog'dagi kishilarga o'xshatadi. Yana yuzini Xo'tan gulzoriga o'xshatsa, ko'zini bu gulzorda sayr etgan ohularga o'xshatadi. Komil go'zalning qomatini sarvga o'xshatib, sochini bu sarv daraxtiga chirmashib o'sgan sumbulga o'xshatadi. Go'zalning shahlo ko'zi atrofidagi kipriklarini ohularni tutish uchun qurilgan panjarali qafas - mo'ndiga o'xshatadi.

Ma'shuqaning ishqida iztirob chekayotgan oshiqning ko'nglini Komil yorning sochiga o'xshatgan. Chunki go'zal boshidagi soch goh boshda jam qilinsa, ya'ni chambarak qilinsa, gohida yoyiq holda bo'ladi:

Ko'nglum gahi jam bo'lsa, gah bo'lsa parishon, ne ajab,

Gah boshda jam bo'lsa, gahi yuzda parishon kokiling.

Mana shunday jonli va ehtirosli tasvirlar Komil she'rlarining badiiy yuksakligidan dalolat beradi.

2.2. Komil g'azallarida mazmun va shakl uyg'unligi

O'zbek mumtoz adabiyotshunosligida shakl va mazmun munosabati diniy-tasavvufiy talqinda ham, adabiy-istilohiy yo'nalishda ham alohida mazmun kasb etadi. Ushbu mazmun mumtoz adabiyotshunoslikning asosiy ilmiy muammolaridan sanaladi hamda zamonaviy adabiyotshunoslikdagi shakl va mazmun munosabatlarini o'rganish uchun asos bo'lib xizmat qiladi. Mazmun va shakl birligi barcha falsafiy qarashlarda, ruhoniy holatlarda, tuyg'ular munosabatida aks etgan bo'lib, u ham tasavvuf falsafasining, ham mumtoz poetikaning poydevori sanaladi. Islom allomalari surat va ma'no munosabatini Qur'oni Karimdagi juz' va kull tafsiridan kelib chiqib sharhlaydilar [15]. Shakl mazmunga yetkazuvchi vositadir. Mazmun esa shakl vositasida yetkazilayotgan mohiyat, ifoda qilinayotgan narsa. Demak, shakl va mazmun munosabati mumtoz adabiyotshunoslikda ancha mukammal ishlangan poetik hodisa sifatida anglashilinadi. Shakl va mazmunni o'zaro qarama-qarshi nisbatda emas, balki biri ikkinchisini to'ldiruvchhi va taqozo qiluvchi tushunchalar sifatida o'rganiladi. Alisher Navoiy ma'no haqida so'z yuritganda, u so'z qolipining jonidir, jonni qolipdan ajratib bo'lmaydi, shunday

---

[15] Qur'oni Karim. O'zbekcha izohli tarjima. – T.; Cho'lpon, 1992.

ekan, ma'no va surat ajralmas bir mohiyatdir. Uni nazmda ko'rmoqchi bo'lganlar, ularni bir butunlikda tushunib, vazn va bahr kabi zohiriy sifatlarni, she'rning jonidan ajralmasligi, aksincha, qolip jonga munosib kelgandagina jozib bo'ladi. Tuyuq bahrini anglamagan kishi, qo'shiqni tuyuqdan farqlay olmaydi. Lafzi bemaza, tarkibi sust asarda ma'ni ham noraso va uning xulosasi nodurust bo'ladi[16], - degan talqin bilan maxsus maqolat yozgan.

Xususan, Komil ham adabiyotning xususiyati, forma va mazmunning birligi haqida so'zlab, keyin o'zi yashagan zamonda so'zning tutgan o'rni qanday ahvolda bo'lganini bayon qiladi. So'zning – badiiy adabiyotning kishilarga emotsional ta'siri, muhabbat qo'shiqlarining lazizligi haqida so'zlovchi "Hadis" radifli g'azalida haqiqiy kuychilarning ozligidan, yaxshi so'zga e'tibor kamligidan zorlanadi:

---

[16] A. Navoiy. Hayrat-ul abror./ MAT. 7-jild. – T.; Fan, 1991.

Xubbi dunyo baski Komil gar qilibdur xalqni

Hech kishi olmas quloqqa durri shahvori hadis.

Komil Xorazmiy g'azallarida qofiya puxta va mohirona ishlangan bo'lib, u misralarga uzviy ravishda bog'lanib ketgan. Uning she'rlarida ortiqcha seziladigan radiflarni mutlaqo uchratib bo'lmaydi.

Qading naxli bog'i nazokat mango,
Qoshing shakli tig'i shahodat mango.
Jabining mahi anvari shomi qadr,
Yuzing mehri subhi saodat mango.

Ushbu she'rning shaklini yuzaga chiqaruvchi vositalar deganda, she'rning ritmi, vazni, qofiyalanish tartibi, ohangi, poetik sintaksisi, fonetikasi, badiiy-tasviriy vositalari kabilar tushuniladi. Bu shakliy vositalaming barchasi birvarakayiga lirik qahramonning sevgilisiga bo'lgan muhabbatini, yorning go'zalligini tasvirlashga xizmat qiladi. Mazmun va shakldagi yaxlitlik – poetik asarni jo'shqin, ta'sirchan bo'lishini ta'minlaydi.

Komil she'r tuzilishida muhim rol o'ynaydigan ichki qofiya yaratishda ham katta mahorat qozongan. Uning "Gul" radifli she'rida ichki qofiya yaxshi ishlangan bo'lib, she'rning badiiy xususiyatini, ta'sir kuchini oshirgan. Chunonchi:

Ko'rmamish sandek jahonda hech bir gulzor gul,

Kim sanga bordur badan gul, jabha gul, ruxsor gul.

Gul uzoring nash'asidan ochti gardun bog'ida,

Farqadon gul, kahkashon gul, Sab'ayi sayyor gul.

Bazm aro gulbargi xandoningga qurbat topg'ali,

May gulu, mino gulu, ham sogʻari sarshor gul.

Boʻldi bulbullargʻa gulshan ichra husnung shavqidin,

Nola gul, afgʻon gulu, alhon gulu, minqor gul.

Gulshani bazm ichra har fe'l oʻlsa gar sandin ayon,

Noz gul, raftor gul, guftor gul, atvor gul.

Sayri bogʻ aylarda toptilar quduming fayzidin,

Sarv gul, shamshod gul, ashjor gul, har xor gul.

Boʻldi zohidlargʻa husni bemisoling vasfida,

Zikr ila avrod gul, tasbih gul, dastor gul.

Qildi Komil tab'ini shah lutfi gulzor oʻylakim;

Masnaviy gul, qit'a gul, ab'yot gul, ash'or gul.

Komil Xorazmiy o'z g'azallarining qofiyasiga va radiflariga ham talabchanlik bilan yondashadi. Chuqur ijtimoiy mazmunni yuksak badiiy formada, chiroyli qofiyalar bilan bezalgan jozibador so'zlarda berishga harakat qiladi. Uning qofiyalari faqat misralarning oxiridagina kelmasdan, ko'pincha misralarning o'rtasida va har xil o'rinlarda ham keladi. O'zbek klassik shoirlarida bo'lganidek, Komilda ham qo'llaniladigan bu usul baytlarining yanada musiqiyroq chiqishiga yordam beradi va o'quvchining e'tiborini o'ziga jalb etadi. Shoir yordan shikoyat qilgan fors-tojikcha bir she'rida shunday deydi:

Oh – sardu, chehra – zardu, nola – dardu, jism – gard,

Ashk – xunu, qad – nigunu, qalb - so'zon alg'iyos.

Yor g'ofil, hajr – qotil, hol – mushkul, xasta – dil,

Marg – tolib, ranj - g'olib, man xuroson alg'iyos.

Ana shunday radiflarning takrorlanishiga asoslangan va ayricha ohangdorlikka ega bo'lgan Komilning san'atkorlik kuchini ko'rsatuvchi g'azallar ko'p uchraydi. Fikrimizning isboti uchun o'zbekcha she'rlaridan yana bir misol keltirib o'tamiz:

Gul uzoring lam'asidin ochdi gardun bog'ida,

Firqadon gul, kahkashon gul, sab'ai sayyora gul.

Bazm aro gul bargi xandoningg'a qurbat topgali,

May gulu, mino gulu, ham sog'ari sarshor gul.

XIX asrning boshqa shoirlarida uchraganidek, misralardagi ayrim so'zlarni takrorlash Komilda ham qo'llaniladi. Uning she'rlari ichida shunday g'azallar borki, har qaysi baytning ikkinchi misrasi bir xil so'zlarning bir necha marta uzun va qisqa takrorlanishidan tugaydi:

Loladek ishqingda ko'nglim, ey nigor,
Dog'doru, dog'doru, dog'dor.
Tig'i hajringdin erurman borho,
Intizoru, intizoru, intizor.

Yoki:

Manga qilma,ey mohi olijanob,
Itobu, itobu, itobu, itob.
Erur ishqing o'tig'a ko'nglum mudom,
Kabobu, kabobu, kabobu, kabob.
Chu kelding, ketorman, debon qilma ko'p,
Shitobu, shitobu, shitobu, shitob.
Mug'anni cholib, ayla ko'ngulni shod,
Rubobu, rubobu, rubobu, rubob.
Labing hajrida ichmagay Komiling,
Sharobu,sharobu, sharobu, sharob.

Sharq adabiyotida juda uzoq zamonlardan beri bir g'azalni bir necha tilda aralash yozish (shir-u shakar) san'ati mavjud edi. X-XI asr shoirlari ijodida arabcha-forscha-hindcha, arabcha-forscha-turkcha aralash g'azal yozishni uchratish mumkin. Bir g'azalning o'zida bir necha til materiallarini ishlatish va g'azalning mazmuniga ham, shakliga ham putur yetkazmasdan chiroyli baytlar ijod etish shoirdan alohida mahorat talab etadi. Ana shunday arab tili bilan fors tili va fors tili bilan o'zbek tili aralashtirib yozilgan misralarni Komilda ham uchratish mumkin. Uning "shir-u shakar"lari bir misrasi fors-tojikcha, ikkinchi misrasi o'zbekcha tartibida berilmay, bir misraning o'zida ham forscha-tojikcha, ham o'zbekcha so'zlar aralash holda ishlatiladi:

Jamoling to spehri husn uza chun mehri anvar shud,

Bo'la olmay muqobil gul rahon az zarra kamtar shud.

Ilohi, Komil ash'orin bikun maqbuli sultonash,

Falotun hikmati yanglig', ki maqbuli Skandar shud.

"Shir-u shakar" janri turli xalqlar adabiyotining o'zaro aloqasi, hamkorligi natijasida maydonga keladi.

Komil Xorazmiy poeziyasining tili ham alohida xususiyatlari bilan ajralib turadi. Bu xususiyatni birinchi galda shoir poeziyasi tilida shevachilik elementlarining ishlatilishida ko'rishimiz mumkin. Masalan, Xorazm shevasining qoida-tartib ma'nosida *oyin*, jo'xori ma'nosidagi *quloj*, shapaloq ma'nosidagi *koj* singari ko'pgina elementlari Komil Xorazmiy poeziyasida uchrab turadi.

Iltifoting fayzidur elga nechukkim kimyo,
Zar qilur solsang kalomim naqdi qalbig'a nazar.
Ya'ni: Sening lutf-marhamatingning fayzi – el uchun hikmatli tosh, kimyodurkim, bu kimyo mening so'zimni ham oltin qilib yuboradi.

Yorning beparvoligidan zorlanib, qayg'u-hasratdan ozod qilishni undan so'rar ekan:

Har nabzshunos muqallidining ilgidin,

Qutqor, berib bu xastag'a Luqmon bashoratin, -

deydi. Bu o'rinda shoir xalq o'rtasida "Hakimlar shohi" sifatida naql qilinadigan Luqmonning shuhratini nazarda tutib, yordan tomir urishini ham bilmaydigan farosatsiz tabiblar qo'liga tashlab qo'ymay, Luqmonning shifosi singari o'zi shifo berib qutqarib olishini, ya'ni iltifot qilishini so'raydi.

Badiiy vositalardan real hayot bilan bog'lab, ayniqsa, o'xshatishlarda ijtimoiy-siyosiy masalalarni aralashtirib tasvirlash va bu orqali o'zining ijtimoiy muhitga munosabatini bildirish Komilning usuli uchun xarakterli bo'lgan xususiyatdir.

III BOB. SHOIR G'AZALLARIDA IJODIY AN'ANA VA POETIK YANGILANISH

3.1. Ijodkor g'azallarida salaflari an'analarining badiiy sintezi

Sohibidevon Komil Xorazmiy qoldirgan adabiy merosning asosiy qismini g'azallar, muxammas, musaddas, musabba', murabba', muammo, ruboiy, qasida va masnaviylar tashkil etadi. Shoir lirikasi o'z mazmuni, umumiy ruhi va uslubi jihatidan o'ziga xoski, unda hayot va insoniy kechinmalar obektiv va real kuylanadi.

Mumtoz she'riyatimizda Alisher Navoiy ijodidan ta'sirlanmagan, ulug' shoirga ergashmagan ijodkorni topish mushkul. Shoir boshlab bergan ko'plab an'analar keyingi davr ijodkorlari tomonidan davom ettirilib, lirik merosimiz xazinasiga salmoqli hissa bo'lib qo'shildi. Xususan, Komil ham o'zining ijodiy yo'li davomida Navoiyga ergashgan hassos shoirlardan sanaladi.

Komil o'z ijodiy faoliyatida Navoiydan ilhomlandi, mutafakkir shoirning ijodiga ehtirom va muhabbat bilan qaradi, g'azallariga taxmislar bog'ladi. Shoir ijodi kuzatilganda, unda Navoiy she'riyatini ta'sirini sezish qiyin emas. Komil Navoiyning "Bu kecha", "Subh", "Kokuling", "Manga", "Binafsha", "Qildilo", "Ey hofiz", "Kog'az", "Xat", "Oshiq", "Fido", "Gustox", "Muhtoj", "Erur bois", "Hadis" radifli ishqiy, ijtimoiy-ma'rifiy mavzulardagi o'nlab g'azallarning qofiyasi, radifi, vazni hamda mavzusini saqlagan holda ko'pgina g'azallar yaratdi. Shoir o'z badiiy niyatining tasviri uchun bu radiflarni tanlar ekan, ustozi bilan ijodiy musobaqaga kirishib, unga munosib javob aytishga harakat qiladi. Komil ijodiy kamolotida Navoiydan o'rganishga, undan ibrat olishga alohida ahamiyat beradi. Xususan, g'azallaridan birida: Ne tong, Komil Navoiy yang'lig' o'lsa so'zaro sarmast, Bu sarxushliqg'a jomi suhbati sulton erur bois, - der ekan, o'zi uchun Navoiy she'riyatining eng baland cho'qqi, namuna ekaniga urg'u beradi. Ijodkor uchun qadri baland ashyo - qog'ozni badiiy obraz sifatida qo'llash ko'plab mumtoz ijodkorlarda kuzatiladi. Jumladan, Komil ijodida ham "Kog'az" radifli g'azal mavjud bo'lib, uning maqta'sida shoir tajohuli orif san'ati vositasida ajoyib badiiy tasvir yaratadi:

Yozibmu ul pari Komilg'a gulgun safhag'a noma,

O'qurda yo ko'zi xunobidin bo'lmishmu qon kog'az?

Shoir yorning maktubi gulgun qog'ozga bitilganmi yoki uni o'qishda ko'zimdin tomgan qonli yosh tomchilaridan qizil rangga kirdimi, deya taajjub bildiradi. Bunga hamohang misralarga Navoiyning xuddi shu radif va qofiyada bitilgan g'azalida ham duch kelamiz:

Uzoru la'li labing vasfini qachon yozdim,

Oqib ko'zum yoshi gulrang bo'ldi qon kog'az[17].

Qachonki, sening go'zal yuzingu la'li labing vasfini bayon qilsam, ko'z yoshim qog'ozni gul rangiga bo'yadi, deb poetik obraz yaratadi. Navoiy g'azalida ilgari surilgan badiiy mazmun, go'zal tasvir, qolaversa, shakl va mazmun Komil g'azalida munosib javob tarzida rivojlantirilgan.

XIX asrda Xorazm adabiy muhitida ijod qilgan shoirlarning mumtoz she'riyatimizning, shuningdek, Sharq adabiyoti daho ijodkorlarining ilg'or an'analarini davom ettirdilar. Bu adabiy jarayonda, ayniqsa, Navoiyning ta'siri yaqqol sezilib turadi: "... Alisher Navoiyning nuroniy siymosi oldida zo'r hurmat bilan bosh egish bu

---

[17] Alisher Navoiy. To'la asarlar to'plami. X jildlik. – T.: G'.G'ulom nomidagi NMIU, 2011

davrning o'ziga xos belgisidir. XIX asrning birinchi yarmidagi shoirlarning deyarlik hammasida Navoiyning kuchli ta'siri yaqqol sezilib turadi. Buni aniq tasavvur qilish uchun shu davrda yashagan shoirlardan Roqim, Said Muzaffarxo'ja Kiromiy, ayniqsa, Munis, Ogahiy va Komil Xorazmiylar ijodiga murojaat qilish kifoyadir[18]". Komilning ko'plab g'azallari Navoiy g'azallariga ham shaklan, ham mazmunan o'xshatma – nazira tarzida yaratilgan. Masalan, Komil Navoiyning:

Xil'atinmu qildi ul gulro'i siyminbar binafsh,

Yo binafsha aylamish gulshanmi sar-tosar binafsh.

Bayti bilan boshlanadigan g'azalining vazni, qofiyasi, radifi hamda boshqa badiiy vositalarini saqlagan holda nazira bitadi:

---
[18] Yunusov M. Komil Xorazmiy. Davri, hayoti va ijodi. – Toshkent, 1960. 20-b.

Xil'atin aylabmudur ul sho'xi siyminbar binafsh,

Yoki kiymish charxi atlasdin mahi anvar binafsh.

Xuddi shu hamohanglikni naziraning keying baytlarida kuzatish mumkin. Buni quyidagi misralar ham dalillaydi:

Navoiyda:

Arg'uvongun yuz, binafsha rang xat jonim olur,

Xil'ati bo'lsun aning gar arg'uvoniy, gar binafsh.

Komilda:

Yuzi xatti jilvagardur ko'nglum ichra, tong emas,

Kim bu ko'zga aksini ko'rsang gar ahmar, gar binafsh.

Yoki Navoiyning "Xalos" radifli g'azaliga Komil tomonidan bitilgan nazira g'azalga nisbatan ham yuqorida keltirilgan mulohazalarni bildirish mumkin. Navoiy g'azalining

Jon etib og'zimg'a topmon dardi hijrondin xalos,

Jonni hijrondin xalos et, yo meni jondin xalos...

Yog'sa majnun ko'nglum uzra sho'xlar dardi, ne tong

Telba atfol ichra bo'lmas sangborondin xalos.

Misralari Komilning quyidagi misralariga hamohangligi bilan diqqatga sazovordir:

Bo'lmadimkim bir dame anduhi davrondin xalos,

Andin istarman tanimning bo'lg'onin jondin xalos.

Har nafas boshimg'abir g'am sangboroni yog'ar,

Tobmadim hech hodisoti charxi gardondin xalos.

Mumtoz poetikada ishq mavzusi bilan bir qatorda dunyoning o'tkinchi ekanligi, umrning g'animatligi hamda inson qadr-qimmatining yuksakligi ham keng tarannum etiladi. Komilning :

Tutunglar bir-birovning suhbatini mug'tanam, ahbob,

Ki borcha bo'lg'umiz navbati bilan bir-bir adam, ahbob.

Tiriklikda bilinglar yaxshi yoru oshno qadrin,

Yo'q ersa, qilg'osiz, o'lgach, pushaymonu nadam, ahbob.

misralari bilan boshlanuvchi g'azali Navoiyning ayni shu mavzuda yaratilgan quyidagi misralariga nihoyatda hamohang:

Chu oxir bo'lurbiz adam, ey rafiq,

G'animat tutoli bu dam, ey rafiq!

Komil Xorazmiyning Rahmat Majidiy nashrga tayyorlagan "Tanlangan she'rlar"i (1961) joriy imlodagi dastlabki nashri boʻlb,unda 29 ta gʻazal ("Toshkand madhi" qasidasi ham gʻazal sirasiga kiritilgan), 4 ta muxammas, bittadan masnaviy, ruboiy va fard berilgan.

Shoir ijodiy merosining joriy imlodagi nisbatan toʻliq namunasi A. Hayitmetov va V. Moʻminovalar tomonidan nashrga tayyorlangan "Devon" boʻlib turibdi. Komil oʻz ijodida lirik turning oʻndan ortiq janrida barakali ijod qilgan. Shoir ijodida yetakchi janrlardan biri muxammaslardir. Umuman, mumtoz she'riyatda musammat turkumiga kiruvchi lirik janrlar orasida muxammaslar nisbatan koʻproq yaratiladi. Komil muxammaslarining koʻpgina qismi Navoiy gʻazallariga bogʻlangan. Bu xil taxmislarda Komil Navoiy fikrlarini, obrazlarini yanada chuqurlashtirmoqchi boʻladi. Shu oʻrinda ta'kidlash lozimki, Komil devonining nashrida Komilning Navoiy gʻazallariga bogʻlagan toʻrtta muxammas berilgan. Komil devonining qoʻlyozma nusxasida shoirning Navoiy gʻazallariga bogʻlagan yana uchta muxammas borligi aniqlandi. Umuman, Navoiy Komil ijodiyotiga katta taʼsir koʻrsatgan, desak mubolagʻa boʻlmaydi.

Xorazm adabiy muhiti haqida gap ketganda, Ogahiyning bu davr ijodkorlariga boʻlgan taʼsirini eʼtirof etmaslikning iloji yoʻq, nazarimda. Oʻzbek adabiyotining Navoiydan keyingi yirik vakili, zabardast shoiri, zukko muarrix va mohir tarjimoni Muhammad Rizo Ogahiy oʻzidan salmoqli adabiy meros qoldirdi. oʻz davri adabiyotida katta ijodiy maktab yaratdi. Xorazm adabiy muhitining rahnamosi Feruz Ogahiyni oʻzining sheʼriyatdagi ustozi sifatida eʼtirof etadi. Koʻplab ijodkorlar Ogahiyga izdoshlik yoʻlini tutib, shoir ijodidagi adabiy anʼanalarni munosib davomettirishdi, rivojlantirishdi. Komil Xorazmiy ham ana shunday ijodkorlardan biri sifatida oʻz zamonasidayoq shoir sifatida katta e'tibor va e'tirofga sazovor bo'ldi. Masalan, taniqli shoir Rojiy uni o'ziga ustoz biladi, nomini Ogahiy bialn birga yonma-yon qo'yadi:

So'z kamolidin Rojiy ogoh ersa, tong yo'qkim,

Bor anisi damsozi Ogahiy bila Komil.

Shunga yaqin satrlarni XX asr shoirlaridan Partavda ham uchratish mumkin. Komil ham Rojiyga hamohang va javob tarzda g'azallaridan birida shunday yozadi:

Komil, ne tong, gar ogah esa so'z kamolidin,

Doim anisi Rojiy ila Ogahiy erur.

Komil hayoti va ijodiga qiziqish, uni tadqiq qilishga rag'bat shoirning hayotlik chog'idan boshlangan. Xususan, shoirning zamondoshi vasalafi Ogahiy o'zining "Gulshani davlat" asarida "Navras fikr va toza tab' shuarodin, fazl va hunar ahli orasinda mumtoz Pahlavon

Niyozkim, fozillar guruhi ichra taxallusi Komildir[19]", deb yozadi.

Albatta, Ogahiydek mumtoz so'z san'atkorining e'tirofi Komilning yuksak ijodiy salohiyatga ega bo'lganini ko'rsatadi. Mumtoz she'riyatning o'ndan ortiq lirik janrlarida qalam tebratgan Komil ustozi Ogahiy ijodiga o'zgacha mehr bilan munosabatda bo'ldi. Ogahiyning "Subh", "Qoshu ko'zung", "Bu kecha", "Bo'ldi tut", "Bir soat", "Kog'az", "Xat", "Ne haz", "Ta'ma", "Suv", "Iyd", "Ro'za", "Hadis" radifli ishqiy, ijtimoiy-ma'rifiy mavzulardagi o'nlab g'azallarining qofiyasi, radifi, vazni hamda mavzusini saqlagan holda ko'lab g'azallar yaratdi. Komil o'z badiiy niyatining tasviri uchun bu radiflarni tanlar ekan, ustozi bilan ijodiy musobaqaga kirishib, unga munosib javob aytishga harakat qiladi.

---

[19] Ogahiy. Gulshani davlat. Qo'lyozma. O'zR FA Sharqshunoslik instituti qo'lyozmalar fondi, inv. №79.

Sharq mumtoz she'riyatida shoirlar qofiya vositasida she'riy asarlarning ohangdorligi, ta'sirchanligi va serjiloligini ta'minlashga harakat qilganlar. Keng tarqalgan qofiya san'atlaridan biri zulqofiyatayn bo'lib, u ijodkordan katta badiiy mahorat talab qilgan. Ya'ni asarda qo'llangan chiroyli shakl go'zal mazmun bilan yaxlitlikni hosil qilishi lozim. Zulqofiyatayn san'ati, asosan, baytlarda qo'llangan bo'lsa-da, ayrim yetuk ijodkorlarda butun boshli g'azal ushbu san'at asosida qurilganini ko'rish mumkin. Jumladan, Ogahiy qalamiga mansub quyidagi g'azal to'laligicha tajnisi mukarrir san'ati asosidagi zulqofiyatayn usulida qurilgan:

Dayr aro to tutti soqiyi farah farjom jom,

Bo'ldi betoqat ko'ngulga behjatu orom rom.

Yuz karamdindur ishorat yorning har so'kmaki,

G'aflat ahli bilmayin qo'ymish ango dashnom nom.

Diqqat qilinsa, har bir baytning qofiyalanuvchi misralari mukarrar tajnisli ikki qofiyadosh so'z bilan yakunlanganini anglash qiyin emas. Har bir misradagi ikki qofiya o'zaro ohangdosh va tugal badiiy mohiyatni ochishda xizmat qilgan. Ogahiy she'riyatidagi adabiy an'analarni munosib davom ettirgan Komil Xorazmiy lirikasida ham shu shakldagi bir g'azalda salafining ijodiga izdoshlikni ko'rishimiz mumkin:

Ichkali ochdim labingdin bodai gulfom fam,

Vahki, bo'ldi qismatim, ey sarvi gulandom, dam.

Qomatingning naxlidin bar topmoq aylab orzu,

Ohkim, qildi qadimni bir xayoli xom xam.

Vodiyi hijronda bo'ldum g'arqi girdobi balo,

Yig'lamoqdin ashkim aylab mehnati ayyom yam.

Vasl jomidin mayi gulgun iching, ahbobkim,

Sog'ari hijrondin emish qismatim qussom sam.

Muztaribdur jon qushi jism ichra baskim aylamish,

Gulshani ko'yung havosidin anga orom ram.

Yiqmag'il ko'nglum binosin teshai zulming bila,

Eyki, husnung qasrig'a asru istehkom kam.

Soqiyo, sing'on safoling birla bersang dardu xum,

Komil ichmas lolagun may birla tutsa jom Jam.

Ushbu g'azalda Komil Ogahiyga izdoshlik yo'lidan borish bilan birga mavjud an'anaga biroz ijodiy yondashadi. Ogahiy g'azalga qo'shqofiya sifatida bir-biriga mutlaqo qofiyadosh so'zlarni tanlagan bo'lsa, Komil g'azalidagi qofiyalarda raviy ("m" harfi)dan oldin "o" cho'ziq unlisi hamda "a" qisqa unlisi(ishbo)ni qo'llaydiki, bu hol g'azalning musiqiyligini oshirishga xizmat qiladi. Sharq mumtoz she'riyatining eng yaxshi an'analari ruhida kamol topgan bu ulkan qalam sohibining ijodida, bir tomondan Navoiy, Fuzuliy, Munis, Ogahiy kabi azamat shoirlar yaratgan she'riy timsollardan mahorat bilan foydalansa, ikkinchi tomondan, ularda Komil qalamigagina xos bo'lgan noyob timsollarni, xilma-xil badiiy kashfiyotlarni ko'ramiz.

She'riy asar sohibining mahorati, odatda, o'zidan oldingi yirik san'atkorlar kashf etgan timsollarning ular nigohidan pinhon qolgan yangi jihatlarini ochishdan iborat bo'lsa, balog'at cho'qqisiga ko'tarilgan chog'larida ular o'sha oldingi yirik san'atkorlardan meros qolgan timsollarni inkor etish, ularga aks tarafdan yondoshish orqali ham o'quvchi qalbini rom etadi. Buyuk salaflari g'azaliga shunday misralarni zargarona payvand qiladiki, natijada ular bitta qalam sohibi ijodining mahsulidek yangraydi.

3.2. Komil g'azallarida poetik yangilanish

Komil Xorazmiy zamonasidayoq shoir sifatida katta e'tibor va e'tirofga sazovor bo'ldi. Masalan, taniqli shoir Rojiy uni o'ziga ustoz deb biladi. Nomini Ogahiy bilan yonma-yon qo'yadi:

So'z kamolidin Rojiy ogoh ersa tong yo'qkim,

Bora nisi damsozi Ogahiy bila Komil.

Shunga yaqin satrlarni XX asr shoirlaridan Partavda ham uchratish mumkin. U o'ttiz yoshlarida Ogahiydek shoirning e'tiboriga tushdi va nomi "Gulshani davlat" asariga kiritildi.

"Navras fikr vat oz atab' shuarodin fazl va hunar ahli arosinda mumtoz Pahlavonniyozkim, fozillar guruhi ichra taxallusi Komildur",- deb tanishtiradi o'quvchiga uni Ogahiy. 1880-1881-yillarda esa Shayx Sulaymon Buxoriy "Lug'ati chig'atoyi va turki usmoniy" ("Chig'atoycha va usmoniy turkcha lug'at")da ayrim so'zlarga izoh berish uchun Komil she'rlaridan foydalandi.

Komil Xorazmiy o'z she'rlarini to'plab, devon qilgan. XIX asrning oxiri XX asr boshida tuzilgan bir qator bayozlarda ham uning she'rlari uchraydi. Devoni shoir hayotligidayoq nashr qilingan. Birinchi nashri 1880-1881-yillarga to'g'ri keladi. Xivada toshbosmada bosilgan edi. Ikkinchi marotaba yana Xivada 1895-yili bosildi. Bu nashr oldingiga qaraganda to'liqroq. Kiton uchinchi marta 1909-yili Toshkentda nashr etilgan. Ayrim she'rlari "Turkiston viloyatining gazeti"da bosilgan. Uchala nashr ham Komil she'rlarini to'la qamrab olmaydi.

Xiva xonligi hayotida Rusiya bosqini munosabati bilan roʻy bergan voqealar badiiy ijodda, jumladan, Komil Xorazmiy ijodida ham oʻz ifodasini topdi. Rusiya Qoʻqon xonligi hududlarini bosib olib, Buxoro amirligi va Xiva xonligini oʻz vassaliga aylantirganidan boshlab oʻlka ijtimoiy-madaniy hayotida baʼzi yangiliklar ham roʻy bergan edi. Shulardan biri butun Markaziy Osiyoda Komil, Sattorxon, Furqat, Sayidrasul Aziziy, Rojiy Margʻiloniy kabi ilgʻor ziyolilar tomonidan asos solingan yangicha maʼrifatparvarlik yoʻnalishi va adabiyoti edi.

    Ziyolilar rus ilm –fani, tili va madaniyatini egallash, shu orqali, birinchidan oʻzlikni anglashga va tiklashga urinish, ikkinchidan, zamona talablariga javob beradigan millat avlodini yetkazish yoʻlini tutdilar. Bu sohada buyuk omil maktab, matbuot, adabiyot edi. Matbuot yoʻq edi . Maktab va adabiyot esa tamom eskirgan edi. Mana shunday nozik sharoit va buyuk orzu Komil va uning bir qator maslakdoshlarini mashhur missioner N. Ostroumovning chor hukumati siyosatni o'rniga qo'yib kelayotgan o'zbekcha "Turkiston viloyatining gazeti" bilan hamkorlik qilishga majbur etdi.

Komil g'azallarida ko'zga tashlanadigan xususiyatlardan biri o'quvchiga yetkazmoqchi bo'lgan fikrning emotsionalligi, tasvirning yorqin bo'yoqlarga boyligidir. Bu jarayonda u yangi-yangi o'xshatishlar, so'z o'yinlari bilan traditsion tasvirdan yuqori turadigan original misralar yaratgan. Masalan, gulga tong vaqtida tushgan shabnamni durga, marvaridga o'xshatish klassik adabiyotda bor. Komil esa bu traditsion o'xshatish vositasi bilan yangi mazmunni ifodalaydi va nihoyatda go'zal misralar yaratadi:

Gul uzra jola emas, maqdaming nisori uchun –

Qizil tabaqqa terar durri shahvori bahor.

Bu yerda bahor go'zal yorning qadamiga sochish uchun qizil tabaqqa durri shahvor termoqqa deyilishi, ya'ni gulni qizil tabaqqa, shabnamni tabaqdagi durri shahvorga o'xshatish juda o'rinli va yangidir. Fuzuliyga tatabbu tarzida bitilgan bir g'azalida Komil Xorazmiy:

Sunbul erurmu sarvg'a chirmashib o'sgan bog' aro,

Yoxud chirmashgan qadingga shabrang gisularmudur?

Hayroni diydoring bo'lub turmish qoshingda xo'blar,

Yo'q ersa qo'yg'on o'tru mashshota ko'zgularmudur? –

misralarini bitarkan, mahbuba qaddini qurshab turgan o'rim sochlarni bog'da sarvga chirmashib o'sgan sunbulga, yor husniga hayron bo'lib turgan go'zallarni uning husnini yanada jilolantirish uchun jam bo'lgan mashshotalarga o'xshatadi va Fuzuliyga munosib o'ziga xos noyob tashbihlar yaratadi.

Komil g'azallarining salmoqli qismi syujetsiz, shoirning obektiv voqealikdan olgan taassurot va kechinmalarini ifoda qiluvchi lirik parchalardan iborat. Sharq adabiyotida uzoq asrlar davomida poeziyaning yetakchi janri bo'lib kelgan g'azalning mavzu doirasi Lutfiy, Navoiy, Jomiy singari yirik shoirlarni mustasno qilganda, juda tor edi. G'azalda, asosan, may va uning lazzati, muhabbat, bahor zavqi va boshqa ichki tuyg'ular ifodalanar edi. Komil Munis, Ogahiy, Gulxaniy singari shoirlar kabi mavjud an'analarni davom ettirgan holda, o'z atrofini o'rab olgan muhitga, hukmron davlat tartibiga, mavjud jamiyatning turli tabaqalariga bo'lgan munosabati, ijtimoiy-siyosiy xarakterdagi qarashlari aks etgan she'rlar yaratdi.

Komil Xorazmiy saroy shoirlarining axloqini, tutgan yo'lini tanqid qiladi. Amaldorlar va pastkash boylar oldida xushomadgo'ylik qiluvchilarni qoralaydi. Shaxsiy manfaat yo'lida o'ziga biror narsa umid qilib, kishilarga yaxshi ko'rinish uchun yozilgan asarlarni soxta asar deb biladi. Mamlakat va xalq ishiga sadoqat bilan kirishish o'rniga kecha-kunduz sufahog'a xizmat qiladigan shoirlardan shikoyat qiladi:

Kecha-kunduz qiladurlar sufahog'a xizmat,
Garchi shoyistan avrangi sadorat shuaro.
Bor alardin necha bekorlar izzatda ziyod,
Tilu ilki bila ham aylasa xizmat shuaro.

Komil ayni fikrni mantiqiy rivojlantirib, shu g'azalning o'zida ikkinchi bir fikrni bayon etadi. U shoirlarning foydali xizmatlari ko'p ekani haqida gapiradi va ular qancha sadoqat ko'rsatsalar ham, evaziga yuz xil ofat ko'rajaklarini achinish bilan ifoda qiladi:

Har necha aylabon izhor fasohat shuaro,
Sochar elga duri daryoyi balog'at shuaro.

Qilsalar har necha izhor sadoqat shabu ro'z,

Ko'rar o'trusida har damda sad ofat shuaro.

Bu toifa shoirlar qalbakilikni, har xil rangga moslanishini bilmaydilar. Chin so'zni shohning ham, gadoning ham oldida yashirmasdan izhor qiladilar va o'zlarining shu to'g'riliklari uchun turli kulfatlarga uchraydilar:

Haq so'zni shohu gado qoshida kitmon etmas,

Bu jihatdan hadafi tiri malomat shuaro.

Komil Xorazmiy ijodida jaholatga qarshi kurash, insonni o'sishga, yuksalishga targ'ib qilish motivlari ko'zga tashlanib turadi. Shoir xalq o'rtasida ma'rifatning tarqalishini, ilm nuri bilan inson aqlining yoritilishini istaydi. Uning bu orzulari nodonlarni va umuman jaholatni tanqid qilish bilan bog'lanib ketadi. Komil johillar guruhini qoralar ekan, ilmni ulug'lash ideyasi boshidan oxirigacha qizil ip bo'lib tizilib ketadi.

Komilning xalqqa yaqin bir mavqeda turgani, gumanistik qarashlari uning boshqa shunga oʻxshash koʻpgina sheʼrlarida uchraydi.

Shoir ijodiga xos bosh xususiyatlardan biri oʻzbekcha va forscha sheʼrlarining xalq turmushiga yaqinligidir. Komil hayotga boʻlgan oʻz qarashlarini shu davr va unda hukm surgan ijtimoiy, maʼnaviy ahvoldan kelib chiqib ifodalaydi. Zulm va zahmat avjiga chiqqan, xon qilichidan qon tomgan kunlarni oʻz koʻzi bilan koʻrgan Komil rasmiy xizmatda ishlagan davrida ham, keyingi davrda ham doim xalq manfaatini oʻylaydi. Xalqqa xon tomonidan koʻrsatilgan siyosiy huquqsizlik va moddiy qiyinchiliklar oy sayin orta borishidan oʻz noroziligini shoir badiiy obrazlar vositasida tasvirlab deydi:

Hilol etmang xayol, ey doʻstlar, bu gunbazi gardon,

Yasar el qatligʻa har oy boshi bir xanjari burron.

Bu oʻrinda Komil har oy boshida yarqirab chiqadigan yangi oy – hilolni xalqni oʻldirish uchun yasalgan oʻtkir bir xanjarga oʻxshatadi. Bu naqadar oʻrinli va original oʻxshatishdir! Bu davrda agar bir kishi, mabodo baxtini, iqbolini topsa, bu davr hukmronlari darhol uni oʻldirishlarini shoir fosh qilib yozadi:

Qushdek kimni iqbol avji uzra gar chiqarsa subh,

Qilur shom oʻlmayin idbor tufrogʻi aro pinhon.

Bunday keskin adolatsizlik va ziddiyatlarning sababchisi kim? Bunga Komil shunday javob beradi:

Ne koʻrsang bil oni haqdin, gila koʻp koʻrma gardundin,

Ki bilsang bordur ul ham sen kibi bir bandai farmon.

Bu misralarda shoir xalqqa zulm va dahshatni cheksiz yogʻdiruvchi gardun emas deb, traditsion qarashlar doirasidan chiqadi, buning ildizi chuqurligiga ishora qiladi va shu asosda xondan adolatli bo'lishni talab etadi. Mamlakatda ijtimoiy zulm va tengsizlikni yo'qotadigan, jamiyat qiyofasini xalq manfaatiga o'zgartira oladigan kuchning yo'qligi, ilg'or kuchlarning hali zaifligi, mamlakatni boshqarishda "yaxshi podshoh"ni orzu etish ideologiyasining ustunligi shoirni adolatni xondan kutishga, xondan talab qilishga olib keldiki, bu Komil dunyoqarashining takomilidan dalolatdir.

Komil ijtimoiy tuzum va uning hukmronligini fosh qilishda "gardun", "falak" so'zlarini keng ma'noda qo'llab, donolarni oyoqosti qiladigan zamonasini fosh etadi. Komil mehnatkash xalqning Rusiyaga qo'shilganidan keyin ham har tomonlama ezilishi soat sayin ortib borayotganiga achinadi. Bu esa uning she'rlarida ko'p hollarda bevosita emas, bilvosita shoir shaxsiyati, uning shaxsiy tuyg'ulari tasviri orqali ifodalangan:

Menga zulmin kam etmas gunbazi davvor bir soat,

To'kar g'am xirmanin boshimg'a yuz xarvor bir soat.

U bunday haqsizliklar tufayli har bir daqiqaning o'tishi qiyindir deydi:

Bo'lar har soatim bir kun, kunim yuz yil, yilim ming oy...

Kishilar o'rtasidagi do'stlik va samimiy hamkorlik xislatlarini kuylash klassik shoirlar ijodida uchratilganidek, Komil she'rlarida ham yaxshi aks etgan. Shoir do'stlikni hurmat bilan tilga oladi va uni kishilardagi yoqimli xislatlardan biri deb ulug'laydi. Shoirning fikricha, yolg'iz inson mazmundor va yaxshi hayot kechira olmaydi. Do'stlar bilan o'tkaziladigan hayot eng ko'ngilli va zavqli hayotdir. Agar kishining ko'ngliga muvofiq yaxshi do'sti bo'lmasa, hech qanday boylik va mansab do'stning o'rnini bosa olmaydi.

Yor ila hamdamsiz ichkon obi hayvondin ne xat,

Bo'lmasa a'zo salomat bir qurug' jondin ne xat, -

matla'li g'azal Komilning turmush tajribalaridan chiqqan hayotiy xulosalarini, ta'limiy qarashlarini aks ettiradi. Unda atvorning hamkorlik, do'stlik to'g'risidagi fikrlari quyidagicha ifodalanadi:

Qolmasa bardosh, muvofiq tab' xolis do'stlar,

Molu mulku, izu-johu, bog'u-bo'stondin nexat.

Komil do'stlikni tashviq qilganda, kishilar o'rtasidagi do'stlik bir xil emasligini, do'stlar niqobidagi o'zining shaxsiy maqsadlarini amalga oshiruvchi xudbin – egoist kishilar ham borligini aytib o'tadi. Kishining ko'zi o'ngida maqtab, orqasidan g'iybat qiladigan tilyog'lama do'stlardan nafratlangan shoir, faqat samimiy do'stlikni kuylaydi:

Hamisha yak dilu, yak ranglik birla tuzing ulfat,

Huzurida qilib madh, etmangiz g'aybida zam ahbob.

Shu narsa xarakterliki, shoir nodonlar bilan bo'lgan do'stlik beg'araz va samimiy bo'lmasligini, nodonlarning haqiqiy do'st bo'la olmasliklarini va aksincha, pokiza qalbli kishilarning hayotiga nodon sheriklar dog' tushirajagini ta'kidlaydi:

Yetar afg'on ki nodon do'stlarning ixtilotidin,

Ko'ngil oynasig'a yuz tuman zangor, bir soat.

Bugina emas, do'st niqobi ostida munofiqlar ham bo'lishi mumkin, ulardan ehtiyot bo'lmoq zarur.

Nihon tut zinhor asroringni, Komil, munofiqdin,

Ki zohir do'st, botin dushmani hamrozlardurlar.

Vatanga muhabbat hislarini kuylash, shoir Komil g'azallarida aks etganini alohida qayd qilib o'tmaslik mumkin emas. Shoir tug'ilib o'sgan vataniga iliq muhabbat bilan qaraydi. Uning vatanni sevishi, yorga, ahboblarga bo'lgan muhabbati xalqqa nisbatan ko'nglida saqlagan hurmati bilan qo'shilib ketgandir. Shoir bahorni yorsiz, yerni esa diyorsiz tasavvur qilolmaydi:

Ne sud ochilsa gul, o'lsa bahor g'urbat aro,

Mengaki bo'lmasa yoru, diyor g'urbat aro.

Vatanda do'stlar bilan yashash qancha yaxshi bo'lsa, diyordan uzoqda, g'ariblikda yashash shoir uchun shuncha og'ir tuyuladi. O'zining ko'p umrini tug'ilgan o'lkasi Xivada o'tkazgan shoir, ayrim munosabatlar bilan vatandan uzoqlashgan vaqtlarida ham o'z shahrini, ahboblarini eslaydi. Boshqa mamlakatlarning eng ajoyib bog'lari ham uning vatanidagi changalistoncha bo'lolmaydi:

Yiroq tushgali ahbob suhbati mayidin
Nashot jomigʻa boʻldim xumor gʻurbat aro,
Chamanda guldek ahibbo vatan aro xandon.
Chu lola, bagʻrim erur dogʻdor gʻurbat aro.

Narsa-buyumlarni bir-biriga qarama-qarshi qoʻyish usuli bilan yor obrazining fazilatlarini ochishga ham alohida oʻrin beriladi. Bu yerda kecha qorongʻuligi, garchi quyoshning nuriga zavol keltirsa ham sening ruxsoringni kokiling ravshan qiladi desa, ikkinchi bir joyda:

Yuzungdur gʻunchayu, lekin ochilgandur tamom, ey gul,
Dahoning guldur, lekin hanuz ochilmagʻon gʻuncha,
deydi.

Hamisha tarbiyat aylab ulusdin oʻl ogoh,
Seni chu qildi haq ahli sipohgʻa sarhanj.

Shoirning fikricha, hamma narsaning oʻz meʼyori, nihoyati bor. Mazlum bechoralar boshiga dard, kulfat yogʻdira berish ham doimo izsiz ketmaydi.

Agar mazlum xalq oh ursa, uning o'tli alangasi xonning butun saltanatini kuydirib yuborishi mumkin.

Din va davlat tushunchasini u vaqtda bir-biridan ajratish mumkin emas edi. Demak, xonlik tuzumining siyosatlaridan yuzaga kelgan norozilik, ayni vaqtning o'zida islom dini va uning peshvolariga qarshi bo'lgan norozilikni ham ifoda qilar edi.

O'z davrining ilg'or, madaniy vakillaridan bo'lgan Komil jamiyatning ana shu guruhiga – riyokor zohidlarga tanqidiy yondashadi. Ikkiyuzlamachi dindorlarning haqiqiy yuzlarini ochib ko'rsatib, ularning ichki va tashqi dunyosini fosh qiladi. Shayx vaqt-bevaqt machitga kirib, "oh-fig'on" ko'taradi. Bu bilan chin qalbdan Alloh uchun riyozat chekayotgan bo'lib ko'rinadi. Aslida esa, na Alloh uchun, na odamlar uchun chin ko'ngildan xizmat qilmaydi. Uning harakatlari be'mani va zararlidir. Shoir jaholatga sudrovchi munofiq shayxlarni "Jon naxsh la'ling ustida ul xol hindularmidur" misrasi bilan boshlanadigan, yorni kuylovchi, real dunyo va uning lazzatlarini diniy odatlardan ustun qo'yuvchi she'rida riyokorni havoga qarab uluvchi itga o'xshatish darajasigacha borib yetadi:

Tortar riyoyi shayxlar masjidda jahr aylab fig'on,

Yo ko'kka boqib ko'chada har kecha it uvlarmidur.

Komilning riyokor ruhoniylarni bu darajada shafqatsiz fosh qilishi, ularning kirdikorlarini ochib xalqning nafratini ifodalashga harakat qilishi aholi ko'z o'ngida dindorlarning obro'sini tushirishga shubhasiz, ijobiy xizmat qilar edi. Shoir zohidlarning yolg'on taqvosini, hiyla-nayranglarini ko'rsatar ekan, nasiya kavsarga ko'z tutishlaridan kuladi:

O'qib ahli taqvo namozi riyo,
Tutib o'zlarini komilu porso.

Riyokor, ochko'z ruhoniylarni tanqid qiluvchi she'rlar orasida Komilga nisbat beriladigan "mulla-imom" radifli g'azal ham alohida e'tiborga loyiqdir. Shoir satirik yo'nalishga ega bo'lgan bu g'azalida o'z kunini xalq ustiga qo'ygan, tekin tamoq, yurimsak imomning kulguli harakatlarini, kishini jirkantiradigan qiliqlarini tasvirlaydi:

Ma'raka borsa: to'yib, ham sidirib, ham supurib,

Qo'liga tushkanni uyga keltirur mulla-imom.

Har balo oldiga kelganda "yemasman" demagay

Zahri-zaqqumni tomog'din o'tkarur mulla-imom.

Komil dunyo lazzatlari va yorning muhabbatini riyokor shayxlarning ibodatiga qarshi qo'yadi.

Shoir ko'ngli siniq ommaning, qashshoqlarning qiyin ahvolini ko'rsatish bilan boy oldida ularni yuqori ko'taradi. Xalqning kuloji (serkepak noni) halol mehnat evaziga kelgan. Shuning uchun u amaldorlarning, boylarning xalqni talab to'plagan tillasi va oq nonidan afzaldir. Ortiqcha kibrlanish, qo'pollik qancha yomon bo'lsa, kichik fe'llik, kamtarlik shuncha yaxshidir:

Tut o'zni pastu – kichik barcha xalqdin,

Azim ofat erur shahfatu anoniyat.

Bu yerda bizning fikrimizcha, shoir o'zining "Barcha xalqdan kichik tut" iborasi bilan shaxsiy "men"ligingni yo'qot, demoqchi emas. Aksincha, ortiqcha mag'rurlanish yomon xususiyat bo'lgani uchun, kamtar bo'l demoqchi bo'ladi. Shoirning didaktik-axloqiy qarashlari orasida ochko'zlikni va ta'magirlikni qoralashga ham maxsus o'rin beriladi. Zamondoshlariga

"Himmating ilkin tama domonigʻa yetkurmagil", degan Komil. Har bir narsa gʻarazga, shaxsiy manfaatga asoslangan oʻsha jamiyatda tama avj olganidan afsuslanadi. Nihoyat, "ey koʻngul zinhor qilma ahli davrondin tama" degan hukmni chiqaradi.

Komil Xorazmiyning sheʼrlarida turli axloqiy, tarbiyaviy fikrlar ham anchagina oʻrinni tashkil qiladi. Toʻgʻri, bu faqat Komil ijodiga xos boʻlgan motiv emas, balki Sharq shoirlarining va shular orasida oʻzbek klassiklarining anʼanalaridir. Komil bunday gʻazallarida yaxshi bashariy xislatlarni egallashni targʻib qiladi. U kishilarni kamtar, qanoatli boʻlishga chaqiradi. Chin insoniy sifatga ega boʻlgan doʻstlik munosabatlarini yaxshilashga maslahat beradi. Ochkoʻzlik va taʼmagirlikka qarshi norozilik bayon qiladi. Uning fikricha, taʼmagir kishi hurmatga loyiq emas. Agar inson "olamda azizu arjumand boʻlay"desa, hech kimdan biror narsa ta'ma qilmasligi kerak. Shoir birovlarga foydasi tegmaydigan, mol-mulk to'plashga hirs qo'ygan boylarning xasisliklarini ham fosh etadi. Jamiyatda ta'minlangan, mag'rur hayot kechiruvchi boylar qatorida bechoralar, kambag'allar ham borligini doimo hukmdorlarning xotiriga tushirib turadi. U xalqning og'ir turmushi to'g'risida o'ylab, xalqqa achinadi va kelajak yaxshi hayotni orzu qiladi. Komilning xalqqa yaqin bir mavqeda turgani, gumanistik qarashlari uning ijodiga poetik ruh beradi.

XULOSA

XIX asrning ikkinchi yarmida Xivada taraqqiy etgan adabiy-estetik jarayonda shoir Komil Xorazmiy ijodi alohida o'rin tutadi. Ma'lumki, Komil Xorazmiy ijodi adabiyotshunoslar tomonidan mumtoz va uyg'onish davri o'zbek adabiyotida ko'prik vazifasini o'tagan, oraliqdagi ijodkor sifatida e'tirof etiladi. Uning g'azallarida mumtoz adabiyot elementlari bir qatorda ijtimoiy ahvol, yangiliklarni qog'ozga solish , shuningdek, jamiyatdagi o'zgarishlarni tizmalarda aks ettirilishini ham ko'rishimiz mumkin.

Komil kirik merosining katta qismini g'azallar tashkil etishi inobatga olinsa, shoirning mavjud nashrlardagi, qolaversa, qo'lyozma va toshbosma matnlaridagi g'azallarini ham bugungi kun adabiyotshunosligi nuqtai nazaridan o'rganish shoir ijodi tadqiqi doirasida amalga oshirilishi zarur vazifalardan biridir. Bu oʻz navbatida, nafaqat Komil Xorazmiy ijodida, balki butun Xorazm adabiy muhitida ham gʻazalning mavzu koʻlami, janriy va badiiy xususiyatlarini keng tadqiq qilishga xizmat qiladi.

XIX asr oxiri XX asr boshlari – adabiyotimizning gʻazal eng keng tarqalgan soʻnggi davri boʻlib qoldi. Xususan, Komil Xorazmiy shoir sifatida klassik poeziyamizning eng yaxshi an'analarinining merosxoʻri va ijodiy davomchisi boʻldi. U zoʻr iste'dod bilan klassik poeziyamizning boy she'riy shakllarini, murakkab vazn turlarini, rang-barang uslubini chuqur egalladi va katta mahorat bilan ularning goʻzal namunalarini yaratdi.

Demokratik ruhi bilan sugʻorilgan Komil Xorazmiy poeziyasida oʻsha davr tarixiy sharoitida Oʻrta asr qoloqligi va jaholati hukmronlik qilgan Xiva xonligi davrida ma'rifatchilik gʻoyalari oʻz aksini topdi.

Komil poeziyasining ilg'orligi, xalqchilligi shundaki, u o'z ijodining hamma davrlarida adabiyotimizning progressiv an'analariga amal qilib, adolatni, taraqqiyotni yoqladi,xalqning ezgu umidlarini kuylab, zulmni, jaholatni qoraladi. Shuning uchun ham uning ijodi o'zbek klassik adabiyotining ilg'or vakillari ijodiga hamohangdir.

Komil ijtimoiy lirikasida jamiyatdagi, ayniqsa, shoir faoliyat yuritishga majbur bo'lgan saroy muhitidagi ilm – hunar ahliga, sof qalbli insonlarga nohaq munosabat, ularni ta'qib va tahqir etish hollari zo'r iztirob bilan tasvirlanadi. Komil Xorazmiyning she'rlarida turli axloqiy, tarbiyaviy fikrlar ham anchagina o'rinni tashkil qiladi. To'g'ri, bu faqat Komil ijodiga xos bo'lgan motiv emas, balki Sharq shoirlarining va shular orasida o'zbek klassiklarining an'analaridir. Komil bunday g'azallarida yaxshi bashariy xislatlarni egallashni targ'ib qiladi. U kishilarni kamtar, qanoatli bo'lishga chaqiradi. Chin insoniy sifatga ega bo'lgan do'stlik munosabatlarini yaxshilashga maslahat beradi. Ochko'zlik va ta'magirlikka qarshi norozilik bayon qiladi. Uning fikricha, ta'magir kishi hurmatga loyiq emas. Agar inson "olamda aziz-u arjumand bo'lay"desa, hech kimdan biror narsa ta'ma qilmasligi kerak. Shoir birovlarga foydasi tegmaydigan, mol-mulk to'plashga hirs qo'ygan boylarning xasisliklarini ham fosh etadi. Jamiyatda ta'minlangan, mag'rur hayot kechiruvchi boylar qatorida bechoralar, kambag'allar ham borligini doimo hukmdorlarning xotiriga tushirib turadi. U xalqning og'ir turmushi to'g'risida o'ylab, xalqqa achinadi va kelajak yaxshi hayotni orzu qiladi. Komilning xalqqa yaqin bir mavqe'da turgani, gumanistik qarashlari uning ijodiga poetik ruh beradi.

Shoir ijodiga xos xususiyatlardan yana biri shuki, o'zbekcha va forscha she'rlarining xalq turmushiga yaqinligidir. Komil hayotga bo'lgan o'z qarashlarini shu davr va unda hukm surgan ijtimoiy, ma'naviy ahvoldan kelib chiqib ifodalaydi. Zulm va zahmat avjiga chiqqan, xon qilichidan qon tomgan kunlarni o'z ko'zi bilan ko'rgan Komil rasmiy xizmatda ishlagan davrida ham, keying davrda ham doim xalq manfaatini o'yladi. Xalqqa xon tomonidan ko'rsatilgan siyosiy huquqsizlik va moddiy qiyinchiliklar oy sayin orta borishidan o'z noroziligini shoir badiiy obrazlar vositasida tasvirlab beradi.

Komil adabiy merosini kuzatar ekanmiz, shoirning salaflari ijodida takomiliga yetgan adabiy an'analarga katta iqtidor va badiiy mahorat bilan munosib izdoshligiga guvoh bo'lamiz. Bu esa, Komil badiiy mahoratining yuqori ekanligini ko'rsatadi.

Komil Xorazmiyning ijodiy merosi biz uchun faqat tarixiy-ma'rifiy qiymatga ega bo'lib qolmay, muhim amaliy-tarbiyaviy ahamiyatga ham molikdir. Uning xalq va mamlakat manfaatlari yo'lidagi olijanob intilishlari hozirgi avlodlar uchun namuna bo'lsa, bu intilishlari yo'lida yozgan har bir satrlari, jo'shqin lirik she'rlari ularga zavq va ilhom bag'ishlaydi.

FOYDALANILGAN ADABIYOTLAR RO'YXATI:

I. Normativ-huquqiy hujjatlar:

1. Oʻzbekiston Respublikasi "Ta'lim toʻgʻrisida"gi Qonuni// Barkamol avlod - Oʻzbekiston taraqqiyotining poydevori. – T.: 1997.
2. Oʻzbekiston Respublikasining "Kadrlash tayyorlash Milliy dasturi"// Barkamol avlod - Oʻzbekiston taraqqiyotining poydevori. – T.: 1997.
3. Oʻzbekiston Respublikasi Prezidentining 2017-yil 7-fevraldagi "Oʻzbekiston Respublikasini yanada rivojlantirish boʻyicha Harakatlar strategiyasi toʻgʻrisida"gi PF-4947-son Farmoni// Oʻzbekiston Respublikasi qonun hujjatlari toʻplami, 2017-yil., 6-son.

II. Ijtimoiy-siyosiy adabiyotlar:

1. Каримов И.А. Адабиётга эътибор – маънавиятга, келажакка эътибор. –Т.: Ўзбекистон, 2009.

2. Каримов И.А. Юксак маънавият – енгилмас куч. Иккинчи нашри. –Т.: Маънавият, 2011.
3. Мирзиёев Ш.М. Қонун устуворлиги ва инсон манфаатларини таъминлаш — юрт тараққиёти ва халқ фаровонлигининг гарови. Ўзбекистон Республикасининг сайланган Президенти Шавкат Мирзиёвнинг Ўзбекистон Республикаси Конституцияси қабул қилинганининг 24 йиллигига бағишланган тантанали маросимдаги маърузаси// Халқ сўзи, 2016 йил 8 декабрь.
4. Мирзиёев Ш.М. Илм фан ютуқлари - тараққиётнинг муҳим омили// "Халк сўзи", 2016 йил 31 декабрь.

III. Ilmiy adabiyotlar:

1. Oʻzbek adabiyoti tarixi xrestomatiyasi. Tuzuvchi: Sharafiddinov O. – T.: OʻzDAVNASHR, 1945.
2. Devoni Mavlono Komil maa tavorixi shabon Xorazm. Toshbosma. OʻzR FA Alisher Navoiy nomidagi Adabiyot muzeyi fondi, inv. №155.
3. Ogahiy. Asarlar. VI jildlik. I jild. Toshkent, 1971.

4. Qosimov B. va boshq. Milliy uyg'onish davri o'zbek adabiyoti. Toshkent, "Ma'naviyat", 2004.
5. Komil. Devon. Nashrga tayyorlovchilar: A. Hayitmetov, V. Mo'minova. – T.: 1975.
6. Komil Xorazmiy. Tanlangan she'rlar. Nashrga tayyorlovchi: R. Majidiy. – T.; 1961.
7. Yunusov M. Komil Xorazmiy. Davri, hayoti va ijodi. – Toshkent, 1960.
8. Husayniy A. Badoye us-sanoiy. – T.: Adabiyot va san'at nashriyoti, 1981.
9. Munis. Saylanma. Nashrga tayyorlovchilar: Yusupov Y. – T.: 1980.
10. O'zbek adabiyoti tarixi. V tomlik. 5-tom, - Toshkent., 1980.
11. Alisher Navoiy. To'la asarlar to'plami. X jildlik. 1-jild. – T.: G'. G'ulom nomidagi NMIU, 2011.
12. Alisher Navoiy. To'la asarlar to'plami. X jildlik. 4-jild. – T.: G'. G'ulom nomidagi NMIU, 2011.
13. Alisher Navoiy. To'la asarlar to'plami. X jildlik. 8-jild. – T.: G'. G'ulom nomidagi NMIU, 2011.
14. Otamurodova A, Abdurahimov O. Komil Xorazmiy Matniyoz devonbegi emas. – T.:

"O'zbekiston adabiyoti va san'ati" gazetasi 2011-yil 39-son.
15. Qosimov B, Dolimov U. Ma'rifat darg'alari. – T.: O'qituvchi, 1990.
16. Yusupov Sh. Xufiya qatlamlar. – T.; 1999.
17. Yusupov Sh. Tarix va adab bo'stoni. – T.; 2003.
18. Qosimov B. Izlay-izlay topganim. – T.: Adabiyot va san'at, 1983.
19. Yusupov Sh. Komil Xorazmiy haqida yangi ma'lumot. – T.; 1968.
20. Nuriddinov Sh. Komil Xorazmiy g'azallarining janriy xususiyati. "Tafakkur ziyosi" ilmiy adabiy jurnal, 2019-yil 4-son.
21. Jumaxo'ja Nusratullo. Feruz – madaniyat va san'at homiysi. – T.: Fan, 1995.
22. Shodmonov N. Muammo va uni yechish amallari. – Qarshi, 2013.
23. Shayxzoda M. Asarlar. Olti tomlik. Beshinchi tom. – T.: Adabiyot va san'at nashriyoti,1973.
24. Bobur. Muxtasar. – T.: "Fan", 1971.
25. Ogahiy. Gulshani davlat. qo'lyozma. O'Zr FA Sharqshunoslik institute qo'lyozmalar fondi, inv №79.
26. Rizayev Sh. Jadid dramasi. – T.: Sharq, 1997.

27. Qoʻshjonov M. Oʻzbekning oʻzligi. – T.; 1994.
28. Afoqova N. Jadid gʻazaliyoti. – T.: Fan, 2005.
29. Nosirov O. Oʻzbek adabiyotida gʻazal. – Toshkent:; 1972
30. Qurʼoni Karim. Oʻzbekcha izohli tarjima. – T.: Choʻlpon, 1992.
31. A. Navoiy. Hayrat-ul abror. MAT. 7-jild. – T.:Fan, 1991.
32. Karimov O. Mumtoz sheʼriyat janrlari. – "Namangan" nashriyoti, 2015.
33. Valixoʻjayev B. Oʻzbek adabiyotshunosligi tarixi. – T.: Oʻzbekiston, 1993.
34. Adabiy tur va janrlar. 1-jild. – T.: Fan, 1991.
35. Umurov H. Adabiyotshunoslik nazariyasi. – T.: A. Qodiriy nomidagi xalq merosi nashriyoti, 2004.
36. Boltaboyev H. Sharq mumtoz poetikasi. – T.: "Oʻzbekiston Milliy Ensiklopediyasi" Davlat ilmiy nashriyoti, 2008.
37. Hojiahmedov A. Sheʼriy sanʼatlar. – T.: Sharq, 2001.
38. Adabiy turlar va janrlar (Tarixi va nazariyasiga doir). III tomlik. – T.: Fan, 1991.

39. Karimov G'. O'zbek adabiyoti tarixi. – T.: "O'qituvchi", 1987.
40. Quronov D va boshq. Adabiyotshunoslik lug'ati. – T.: Akademnashr, 2010.
41. Quronov D. Adabiyotshunoslikka kirish. – T.: Xalq merosi nashriyoti, 2004.

Internet saytlari:

1. www.tdpu.uz
2. www.Ziyonet.uz
3. www.edu.uz
4. www.saviya.uz
5. www.kutubxona.uz
6. http://www.diss.natlib.uz

www.ingramcontent.com/pod-product-compliance
Lightning Source LLC
LaVergne TN
LVHW010338070526
838199LV00065B/5757